KB040670

다음 세대를 생각하는
인문교양 시리즈

아우름 **20**

인공지능,
아직 쓰지 않은 이야기

2030년 대학생 마리가 들려주는 AI 100년사

고다마 아키히코 지음 | 박재현 옮김

샘터

2045년
인공지능의 발달은 인간의 손을 벗어나
독자적인 진화 단계에 접어든다.
이후 인간은 온갖 문제에서 해방된다.
당신은
그러한 세상을
받아들일 수 있을까?

인공지능은
어디서 와서 무엇을 바꿀까?

지금으로부터 가까운 미래인 2030년의 세계를 상상해 볼까 합니다. 우리의 생활과 일은 어떤 식으로 변해 갈까요? 그 변화를 초래한 요인은 무엇일까요? 경제? 국제정치? 물론 그런 것들이 영향을 미친 부분도 있을 거예요.

그렇다면 반대로, 15년 전의 과거와 지금은 무엇이 가장 다를까요? 당시 한국과 일본은 여전히 불경기였고, 9·11 테러가 일어나 '테러와의 전쟁'이 시작된 무렵입니다.

의외로 그동안 큰 변화는 일어나지 않았을까요? 당시의 사진이나 영상을 보면 지금과 결정적으로 다른 점이 한 가지 있습니다. 모두 스마트폰을 갖고 있지 않다는 점이에요.

21세기에 접어들어 스마트폰이나 인터넷만큼 우리의 생활을 변화시킨 것도 없습니다. 소니의 전 사장 이데이 노부유키出井伸之는 '인터넷은 과거의 산업을 멸망시키는 운석'이라고 말한 바 있습니다.

오늘날 스마트폰이나 인터넷에 필적하는, 어쩌면 그 이상의 충격을 가져올지 모를 인식 체계의 대전환이 IT 세계에서 일어나고 있습니다. 그 중심에 있는 것은 인간처럼 지각하고 생각하고 행동하는 인공지능의 기술입니다.

인공지능에 대한 연구는 20세기 중반에 시작된 이래 오랜 세월 눈뜨지 못했습니다. 그런데 최근 몇 년 동안 개발이 비약적으로 진행되어 보고 들은 것을 거의 인간처럼 인식하고 자동차를 운전하게 되었습니다. 고도의 작업이나 게임에서는 인간을 앞서기도 합니다.

인공지능은 대체 어디까지 똑똑해질까요? 우리 인간의 일자리를 인공지능에게 빼앗기는 것은 아닐까요? 심지어 결국에는 영화 〈터미네이터〉처럼 인류를 멸망시키는 것은 아닐까요? 이러한 불안감이 그저 SF의 허풍에 그치지 않고 현실성을 띠기 시작했습니다.

이 책에서는 인공지능이 우리의 생활이나 일에 어떤 영향을 미

치는가, 그리고 인공지능과 어떻게 관계를 맺어야 하는가 하는 의문
에 답하고자 합니다.

　나는 사실 인공지능의 전문가는 아닙니다. 아직 10대이던 1990년
대부터 20년 넘게 사용자 인터페이스User Interface와 사용자 경험User
Experience이라 불리는, 인간과 IT를 잇는 다자인을 해왔습니다. 대학
에서 박사학위를 받고 이후에는 IT 기업의 제품 매니저를 맡거나 IT
제품 개발을 지원하는 컨설팅 기업을 설립했습니다.

　나의 이러한 경험을 바탕으로 이 책에서는 인공지능의 기술적인
측면보다는 넓은 IT 세계의 일부인 인공지능과 우리가 어떤 관계를
만들어 가면 좋은지에 초점을 맞췄습니다.

　그것을 설명하기 위해 이 책에서는 2030년 대학생으로 살아가
는 '마리'라는 평범한 여학생을 등장시켜, 100년에 걸친 인공지능 개
발의 역사를 공부해 가는 방식으로 내용을 구성했습니다.

각 장의 첫머리에는 인공지능이 실현되어 있을 2030년의 세계에 대하여 그려보고, 이어서 그것을 실현한 배경이 되는 역사에 대하여 설명합니다.

　인공지능과 스마트폰이나 인터넷 같은 IT는 그 성립이 일반적으로 알려진 것 이상으로 밀접하게 관련되어 있습니다. IT의 역사 속에서 수많은 개발자들이 각각의 신념과 아이디어를 가지고 인공지능이나 PC의 아키텍처를 만들어 갑니다. 그 역사를 알아야 비로소 현재와 미래의 인공지능에 대하여 이해할 수 있습니다.

　그러한 개발자들의 신념과 아이디어에 대한 정열은 종교가의 신앙과 일맥상통하는 부분이 있습니다. 그들의 궁극적인 목표는 인간처럼 느끼고 생각하는 마음을 가진 기계를 실현하는 것입니다. 인공지능을 만든다는 것은 어쩌면 우리 인간에게 허락되지 않은, 신의 영역으로 발을 들여놓는 것일지도 모릅니다.

그런 의미에서 인공지능의 지금까지와 앞으로 나아갈 행보를 살펴보는 단초로서 기독교의 성서가 하나의 이정표가 될 것입니다. 인공지능 100년의 이야기가 성서 이야기와 신기할 정도로 부합하는 것에 나 역시도 솔직히 놀랐습니다.

이 책은 2부로 구성되어 있습니다.

제1부 '컴퓨터의 창세기'에서는 오늘날 우리가 일상적으로 사용하는 PC나 스마트폰, 인터넷 같은 IT가 어떻게 만들어져 왔는가 하는 역사를 살펴볼 것입니다. 여기서는 컴퓨터와 인공지능의 개념을 발명하고 아담과 이브처럼 금단의 열매를 베어 먹고 죽은 비극의 천재 앨런 튜링을 중심으로 이야기가 펼쳐집니다.

특히 제1부는 오늘날의 인공지능의 배경이 되는, 지금까지의 컴퓨터 발달에 대하여 잘 알지 못하는 젊은 사람들을 대상으로 썼습니다. 따라서 그 역사에 대하여 나름 잘 알고 있다고 생각하는 사람은

제2부부터 읽어도 무방합니다.

제2부 '인공지능의 묵시록'에서는 인공지능이 급속히 발달하여 신과 같은 존재가 되고, 그 결과 우리의 생활이나 일에 일어나는 변화, 나아가 그 끝에 찾아올 '최후의 심판'을 살펴봅니다. 인공지능은 과연 우리를 구원하게 될까요? 아니면, 멸망시키게 될까요?

자, 그 의문에 답하기 위해 마리와 함께 100년의 시공을 넘나드는 여행을 떠나 봅시다! 이 여행의 끝에서 마리와 당신이 인공지능이라는 것과 어떻게 마주할 것인지, 그 답을 발견하길 바랍니다.

고다마 아키히코

3장. 인터넷, 클라우드 위 지구의 신경망
구름까지 닿는 바벨탑

4장. 스마트폰은 어떻게 우리 주머니를 점령했나
신과 사람을 연결하는 석판

7장. 인공지능은 우리를 구할까, 멸할까
최후의 심판

이상한 꿈을 꾸었다. 마치 괴수 영화 같았다.

큰 용이 이끄는 머리가 여럿 달린 괴수, 악마의 기병대, 인간의 얼굴을 한 곤충 떼가 우리 인간을 습격한다. 하나둘, 사람들이 죽어 간다.

마치 세상이 종말을 맞은 것처럼.

바로 그때 하늘에서 백의를 입고 백마를 탄 지휘관이 이끄는 군대가 내려와 괴수들을 물리친다. 그 백의를 입은 사람은 사악한 용을 감옥에 가두고 왕이 되어 왕국을 세우고 천년 동안 평화를 이뤘다. 천년이 끝나자 죽은 모든 사람이 되살아나고, 백의를 입은 사람이 갖고 있던 책에 쓰인 그 행적의 좋고 나쁨에 따라서 천국에 갈지 지옥의 불구덩이로 던져질지 심판이 내려진다. 모든 심판이 끝나자 하늘도 땅도 바다도 사라졌다. 그리고······.

"마리, 일어나, 마리. 아침이야."

"피트, 아아 졸려. 조금만 더 잘래."

"안 돼, 오늘 아침에 지도교수님과 면담이 있잖아? 앞으로 29분 32초 이내에 집을 나서지 않으면 약속 시간에 도착할 수 없어!"

"알았어, 일어날게. 후우, 진짜 너희 기계는 정이라곤 눈곱만큼도 없다니까."

졸린 눈을 비빌 때 푸른색 고양이 모습의 피트가 무언가를 말하려는 듯 공중에 홀로그램으로 시간을 비춘다. 지금은 2030년 7월 1일, 오전 7시 30분. 분명 채비하고 나가기에는 빠듯한 시간이다. 게다가 오늘은 졸업 논문 때문에 지도교수님과 만나기로 한 날이다. 최대한 옷차림에 신경 쓰고 나가야 한다.

그런데 참으로 이상한 꿈을 꿨다. 틀림없이 어제 친구 리쿠와 봤던 〈터미네이터〉라는 올드 무비 때문일 것이다. 리쿠는 영화라면 SF나 액션만 본다.

이제 나갈 채비도 마쳤다. 선뜻 내키지는 않지만 어디 나가 볼까.

"피트, 가자!" "응."

피트가 나를 향해 달려온다. 그리고 고양이에서 팔찌로 변신하여 내 손목에 감긴다. 피트는 비서 지능 디바이스로, 통칭 A.I.D이다. 고등학생이 되어 첫 버전을 산 이후 늘 함께했기에 나에 대해서는 많은 것을 안다. 남자 친구보다 훨씬 나를 잘 안다(지금 남자 친구는 없다). 그러나 부모님처럼 쓸데없이 참견하는 탓에 간혹 진저리가 날 때도 있다. 하지만 지금은 다들 A.I.D에 빠져 있다. A.I.D가 없었을 때는 어떻게 살았는지 모르겠다. 나는 걸어가면서 피트에게 말한다.

"오늘은 바쁘기도 하니 셰어라이드share-ride를 사용할까? 탈 만한 카

풀이 있어? 지금 고슈 가도는 붐빌까?"

"어디 보자. 정확히 7분 24초 후에 고슈 가도를 지나는 차가 있을 것 같아. 승객은 회사원 아저씨랑 여고생 두 명. 오늘은 조금 이른 시간이라서 그리 붐비지는 않는 거 같아."

"오케이, 그럼 예약해 줘."

8분 뒤, 나는 낯선 세 사람과 함께 번쩍번쩍 빛나는 은색 차를 타고 있었다. 아저씨는 A.I.D로 뉴스를 읽고, 여고생 둘은 게임을 한다.

셰어라이드는 최근 10년간 보급된 합승 택시 시스템이다. 과거의 택시와는 크게 다르다. 셰어라이드에는 운전사가 없다. 정확히 말하면 각각의 차를 운전하는 것은 셰어라이드 센터에 있는 컴퓨터다. 그때그때 센터에 들어온 이동 요청에 따라서 가장 효율적으로 사람을 운반하는 루트를 선택하여 운행한다. 요금은 탑승한 거리에 따라서 각자 지불하고, 운전자가 없는 만큼 과거의 택시보다 저렴하다. 지금은 굳이 위험을 짊어지고 직접 차를 운전하는 사람이 거의 없다. 만일 사고가 일어나도 인간 운전자에게는 보험이 크게 적용되지 않는다.

차창 밖으로 올림픽 때 지어진 국립경기장의 커다란 지붕이 보였다. 그것은 볼 때마다 성급하게 지어진 듯 세련되지 못한 디자인이라는 생각이 들었다.

"피트, 저 경기장은 어째서 저런 미묘한 디자인인 거야?"

"지금 알아볼 테니 조금만 기다려. 아, 처음에는 다른 디자인이었는데 돈이 너무 많이 들어서 갑자기 계획이 변경됐어. 그때 완성된 것이 지금의 경기장이래."

"흐음, 원래는 어떤 디자인이었을까."

피트의 눈이 반짝 빛나고 나의 망막에 그 경기장의 초기 디자인이 3D 홀로그램으로 투영된다. 나는 손을 움직여 홀로그램 경기장을 확대·축소하거나 방향을 바꿔 본다. 원래는 꽤 대담한 디자인이었구나. 확실히 지금 것보다는 돈이 들 것 같다. 올림픽 때는 가족과 함께 관전하러 갔던 것도 기억난다. 나는 초등학생이었지만 처음 본 올림픽에는 역시나 흥분했었다.

내가 내린 것을 확인하고 차는 다시 달린다. 피트가 말한다.

"주행거리 13.2킬로미터, 요금 978엔."

이제 약속 시간이다. 무거운 발걸음으로 나카지마 교수님이 있는 연구실로 향한다. 문에는 '문학부 사학과 나카지마 연구소'라고 붓으로 쓴 명판이 걸려 있다. 역사 선생님이라서 그런지 전통적인 것을 좋아한다. A.I.D도 좋아하지 않아서 지금까지도 스마트폰을 사용한다. 나는 주저하며 문을 노크한다.

"들어오세요."

낡은 문이 기분 나쁘게 삐걱거리며 열린다. 고집스럽게도 지금은 드문 종이 책으로 그득한 방 안에 치뿔은 눈을 한 나카지마 교수님이 있다. 귀도 뾰족하여 순간 SF에 나오는 우주인을 연상시킨다. 교수님이 손에 들고 있던 두툼한 책에서 살짝 눈을 들어 나를 본다.

"마리, 자네가 연구실에 온 건 20세기였던가, 19세기였던가."

"오랜만에 찾아뵙네요. 죄송합니다."

"그래서 논문 주제는 정했나?"

"그게 아직…… 취업활동이 이제 간신히 끝나서요."

"꽤 기한이 지났어. 서둘러 주제를 정하고 제출해야지. 자네 이대로는 낙제생으로 이 세미나의 역사에 이름을 남길 거야! 이상, 이만 가봐."

그렇게 말하고 교수님은 다시 책의 세계로 돌아갔다. 뾰족한 귀는 아무래도 변명 따위는 들어 주지 않을 것 같았다.

연구실에서 나와 아직 인적이 드문 아침 캠퍼스를 타박타박 걷는다.

"난감하네, 모처럼 입사가 내정됐는데 이대로는 학점을 채우지 못해 졸업을 못 하겠어. 당연히 입사도 취소되겠지. 그럼 최악이야! 하물며 지금껏 성실하게 연구해 온 것도 아닌데 이제 와서 연구 주제를 정하라니……."

"그래서 내가 여러 차례 경고했는데 마리가 듣기 싫다고 그냥 꺼버렸잖아."

"한창 구직활동 중이어서 그럴 겨를이 없었어! 하아, 어쩌면 좋지. 생활 지도 신부님한테 상담해 볼까?"

그때 피트가 20세기의 날카로운 록 음악을 울렸다. 이 착신음은 리쿠다. 착신을 허가하자 리쿠의 얼굴이 홀로그램으로 떠올랐다.

"안녕, 마리."

"안녕, 이른 아침부터 무슨 일이야?"

"뭐야, 용무가 없으면 전화하면 안 돼? 어쩌고 있나 궁금해서 걸었지."

나는 무심코 웃었다. 리쿠와는 한창 취업활동을 하던 중에 어느 회사의 그룹면접에서 알게 되었다. 둘 다 그 회사에 떨어졌지만 지망하는 업계가 비슷하기도 하여 어느 결에 친해졌다. 리쿠가 내게 호의를 갖고 있는 것은 빤하지만 나는 분명한 태도를 취하지 않았다. 그래도 강요에 못 이겨 바이오리듬의 피드는 공유하고 있다. 정신적으로 내가 아침부터 처져 있는 것을 보고 마음을 써주는 것이다.

"졸업 논문 주제를 정하지 못해서……. 오늘 아침에 지도교수님한테 혼났어. 이대로라면 나, 낙제하고 말거야. 좋은 생각 없어?"

"그거 큰일이네. 그런데 역사 연구 주제라…… 아참, 피트에게 생각해봐 달라면 어때?"

"잊었어? 대학 연구나 시험으로 꾀를 내지 못하도록 A.I.D에는 록이 걸려 있잖아."

"록을 해제하는 방법이 있어. 우리 대학에 있는 지인이 가르쳐 줬어."

"그건 안 되지."

"대학에 들키지 않으면 괜찮아. 확장 프로그램을 인스톨하면 된대. 만일의 경우를 위해서 주소를 알아놨어. 지금 전송할게."

"그런 거 넣어도 괜찮아? 너의 할에게는 해봤어?"

"아니, 아직. 그래도 피트라면 잘 될 거야. 지금 곤란하잖아?"

"그렇기는 한데……."

한번 해볼까? 피트가 사용할 수만 있다면 좋은 주제를 생각해 낼 것은 분명하다.

"피트, 리쿠가 보내 준 주소에서 프로그램을 인스톨해 줘."

"마리, 이것은 개발자를 알 수 없는 프로그램이야. 이런 거 넣었다가는 내가 어떻게 될지 알 수 없다고."

"안 좋은 거라면 프로그램을 삭제하면 되잖아? 괜찮으니까 좀 해봐."

"알았어, 무슨 일이 벌어져도 몰라. 지금 인스톨 중, 10퍼센트, 20퍼센트, 30퍼센트…… 인스톨 곧 완료."

"어때?"

"……."

피트의 모습이 이상하다.

"피트? 괜찮아? 잠깐만 리쿠, 어떻게 된 거야? 아무래도 프로그램이 잘못된 거 아니야?"

갑자기 피트가 날뛰며, 명령하지도 않았는데 많은 홀로그램을 재생했다. 그 내용은 용이나 괴수, 왕국 - 오늘 아침 내가 꾸었던 꿈의 내용이다.

"잠깐만, 피트 멈춰!"

피트는 멈추지 않는다. 지금 내 주위는 몇 백 명이나 되는 지상에서 되살아난 좀비로 가득하다. 주위 학생들도 모여든다.

"이거 뭐야!" "무슨 일이야?"

나는 너무도 창피한 나머지 소리쳤다.

"싫어, 이제 진짜 그만둬!"

그러자 갑자기 강렬한 섬광이 달렸다. 눈부신 나머지 나도 모르게 눈을 질끈 감는다. 눈을 떴을 때 홀로그램은 사라져 있었다. 동시에 피트의 눈빛도.

"피트? 일어나, 피트!"

나는 필사적으로 스위치를 눌렀다. 그러나 눈빛은 돌아오지는 않았다. 대체 무슨 일이지? 나의 최고의 단짝이 죽었다.

다음 날, 나는 대학 옆에 있는 예배당에서 생활 지도를 하는 하비에르 신부님과 만났다. 리쿠에게서 여러 차례 연락이 왔지만 완전히 무시해 버렸다. 반성 좀 하라고.

"신부님, 리쿠가 너무했죠? 그런 바이러스가 들어간 프로그램을 보내오다니요."

"너도 그 프로그램으로 부정을 저지르려고 했지? 고해하지 않으면 벌 받을 거야."

"죄송해요, 하지만 저도 그만큼 궁지에 몰려 있었다고요."

하비에르 신부님은 스페인에서 와서 벌써 몇 십 년이나 이 대학에서 생활 지도를 맡고 있다. 나는 특별히 천주교 신자는 아니다. 그러나 신부님은 여러 가지 일을 상담해 주었다. 무엇보다 신부님은 내 이야기를 친구처럼 들어 주고 절대 타인에게 누설하지 않는다. 따라서 안심하고 뭐든 상담할 수 있다.

"맞아! 그때 나도 경고했었지?"

스테인드글라스 옆에서 불평하는 것은 피트다. 어제 피트의 시스템은 고장 나서 결국은 클라우드에 있는 백업으로 복구했다. 직전 30분의 기억은 사라졌지만, 그 외에는 특별히 아무런 변화도 없다.

"그래도 다시 부활할 수 있었으니 다행이지 않아. 어제 하루의 기억을 잃었지만 나머지는 백업되어 있으니까."

하비에르 신부님이 미간에 깊은 주름을 잡는다.

"한 번 죽었는데 다음 날 부활할 수 있다니, 마치 그분 같아. 이런 말을 하면 내가 벌 받겠지만."

"신부님이 그런 말씀을……. 그런데 이번 일로 마음에 걸리는 게 있어요."

"어떤?"

"저는 지금까지 피트를 인간과 다름없이 대했어요. 친구나 가족처럼요. 마음이 있는 인간처럼요."

피트가 뾰로통하며 몸을 파랗게 빛낸다.

"내게는 마음이 없다는 거야?"

"이제 모르겠어. 우리 인간은 죽으면 그것으로 끝이잖아. 백업으로 부활할 수 없어. 예수님이 아닌 이상."

"실례야. 내게도 마음은 있다고. 너희 인간과는 다를지 몰라도."

하비에르 신부님은 잠자코 있을 수 없었다.

"영혼이 있는 인간을 만드신 것은 하늘에 계신 우리 주님뿐. 이런 기계에게 마음이 있다니 모독이야. 최근에는 인공지능이 발전해 인간의 지능을 뛰어넘는다고 하는 특이점singularity*이라는 걸 주장하는 사람도 있다지만."

신부님의 그 말을 듣고 나는 마음속에서 어떤 의문이 솟구쳐 오르는 것을 억누를 수 없었다. 신부님에게 말하면 틀림없이 크게 화낼 것이다.

'기계에 마음이 있는지 알 수 없다면 신부님에게 마음이 있다는 것은 어떻게 알 수 있어요?'

하지만 나는 차마 신부님에게 그 생각을 말하지 못하고 예배당을 나섰다. 왼쪽 손목에 감긴 피트에게 힐끔 눈길을 준다. 내 안에서 의문은 커져만 간다. 그때 갑자기 어떤 생각이 들었다.

"마리, 왜 그래?"

피트가 내 변화를 알아차린 것 같다.

"나카지마 교수님이 계신 곳으로 가자."

"뭐? 아직도 화나 있을 가능성이 96퍼센트나 돼."

"상관없어!"

다시 연구실에 왔다. 이번에는 기세 좋게 문을 노크한다.

"들어오세요. 아아, 또 자네군. 이제 졸업 논문의 주제를 정한 건가?"

"네, 아직 아이디어를 떠올린 정도이지만요."

"자, 어서 말해 봐."

"A.I.D의 역사를 조사하고 싶어요."

"A.I.D의 역사? A.I.D라면 고작 10년 정도이지 않은가? 그런 걸 역사라고는 말할 수 없지."

"하지만 A.I.D 전에는 스마트폰이 있었죠? 그 전에는 스마트폰도 아닌, 그러니까 컴퓨터인지 뭔지 하는 것을 사용했다고 들은 적 있어요. 잘 모르지만, 틀림없이 그 전에도 A.I.D 같은 것이 있었겠죠? A.I.D를 사용하면서 저는 생각했어요. 이렇게 편리한데, 어떻게 완성되었는지는 전혀 몰라요. 틀림없이 처음부터 지금의 형태이지는 않았을 거예요. 그것을 조사해 보고 싶어요."

"흐음. 결국 A.I.D의 역사라기보다는 인공지능 개발의 역사인 거군. 그거라면 연구할 만하겠어."

"그럼, 그것으로 할게요!"

"좋아. 단, 주제를 늦게 정한 만큼 완성도가 떨어지면 제출해도 낙제이네!"

"알겠습니다."

나는 연구실을 나왔다. 무엇이 어찌되었든 이것으로 졸업 논문의 주제는 정해졌으니 안도했다. 그러나 그때부터 나의 머릿속에 어렴풋이 있던 것은 단순히 기술의 역사를 조사하는 것이 아니었다. 나는 불현듯 피트를 응시한다. 이 아이의 푸른 눈동자 안에는 우리와 같은 마음이 존재할까? 하비에르 신부님이 말했듯이 마음이 있는 생물을 만드는 것은 하느님밖에 없는 것이 아닐까? 내가 정말로 알고 싶었던 것은 신부님과 이야기하는 동안에 떠오른 어떤 의문이다.

'우리는 마음을 만들 수 있을까?'

이렇게 나는 마음을 만드는 것, 특이점을 둘러싼 탐구에 나섰다.

그때 나는 몰랐다. 그 여행이 100년에 이르는 과거와 미래를 둘러싼 길고 긴 여행이 될 것이라고는.

---

*특이점(singularity) 인공지능이 비약적으로 발전해 인간의 지능을 뛰어넘는 기점을 말한다. 미국의 수학자이자 SF 작가인 버너 빈지(Vernor Steffen Vinge)가 1980년대부터 이 말을 사용하기 시작하고, 2000년대에 들어와 미국의 컴퓨터 과학자 레이 커즈와일(Ray Kurzweil)에 의해 널리 알려지게 되었다. 커즈와일은 특이점의 도래를 2045년경이라고 예측하고 있다. 즉 인공지능이 만들어 낸 연구 결과를 인간이 이해하지 못하게 되고 인간이 인공지능을 통제할 수 없는 지점이 올 수도 있는데, 그 지점이 바로 특이점이다.

제1부

컴퓨터 창세기

우리가 금단의 과실을 먹기까지

1장. Genesis

마음을 가진 기계를 만들 수 있을까

컴퓨터의 창조

나는 서둘러 대학 미디어센터로 향했다. 문 앞에 일단 멈춰서 한차례 심호흡을 하고 들어섰다. 피트를 통해 내가 학생임을 인정받았다.

캠퍼스에는 옛날 도서관도 있지만 지금은 그저 기념비 같은 것에 지나지 않는다. 우리가 공부할 때는 거의 미디어센터의 개방형 공간에 놓인 아무것도 없는 책상을 사용한다. 여기서 모두들 A.I.D를 사용하여 홀로그램으로 검색하는데, 주위 사람들에게는 그 홀로그램의 내용이 보이지 않아 그 모습이 다소 우스꽝스럽게 느껴진다. 그렇게 A.I.D와 대화를 나누기에 옛날 도서관과 달리 조금 소란스럽다.

나는 커피를 들고 구석진 자리에 앉았다. 아무것도 없는 책상 위에 홀로그램이 비친다.

"자, 서둘러 해치워 볼까. 나카지마 선생님도 말했지만 인공지능의 역사는 그리 길지 않으니까. 10년이나 30년?"

"인공지능 아이디어에 대한 가장 오래된 자료는 시기가 확실하지는 않지만 3500년 전에서 2500년 전쯤에 만들어진 것 같아."

"3500년? 잠깐만 기다려 봐. 그렇게 오래된 자료에 인공지능에 대한 게 적혀 있다니 대체 무슨 말이야? 아무리 그래도 그런 시대에 컴퓨터가 있을 리 없잖아."

"물론 컴퓨터가 있었던 것은 아니야. 단지 인간처럼 의지를 가지고 움직이는 것을 아무것도 없는 데서 만들어 낸다는 아이디어는 훨씬 옛날부터 있었어. 성서의 앞부분에 나오잖아. 신이 먼지에서 인간을 만들어 냈다고."

"뭐야, 그런 얘기였어. 깜짝 놀랐잖아. 내가 기독교계 대학에 다니고 있기는 해도 진정한 신자는 아니야."

"인간이 인간과 같은 존재를 만들겠다는 생각은 오랜 옛날부터 있었다는 거지. 특히 19세기 초에는 메리 셸리Mary Shelley가 《프랑켄슈타인》을 발표했어. 또 셸리의 친구인 에이다 바이런Ada Byron이라는 당시로서는 드물었던 여성 수학자와 찰스 배비지Charles Babbage라는 발명가가 경마 결과를 예상할 수 있는 기계를 개발하려고 했어. 지금 말하는 컴퓨터 같은 거야."

"프랑켄슈타인은 영화로 봤어. 그래도 인조인간이 반항하는 얘기이니 피트는 흉내 내선 안 돼……. 그래서 바이런과 배비지는 기계를 완성했어?"

"아니, 당시 기술로는 두 사람이 생각했던 계산하고 예상하는 기계를 실현할 수는 없었어. 컴퓨터가 실현될 때까지는 그로부터 100년 정도의 시간이 필요했어."

"그렇다면 20세기 전반이네. 지금으로부터 100년 정도 거슬러 올라가잖아. 졸업 논문에 쓰는 것이니 그 무렵부터가 좋겠어. 컴퓨터가 없으면 인공지능을 만들려고 해도 꿈같은 얘기에 지나지 않았을 테니. 자, 최초로 컴퓨터와 인공지능을 만든 사람에 대해 가르쳐 줘."

"컴퓨터처럼 복잡한 것은 누구 한 사람을 발명자로 꼽기는 어려워. 어느 시대에 많은 사람들이 함께 만든 것이니까. 그래도 누군가 한 사람을 꼽는다면 앨런 튜링이라는 영국인이 있어. 튜링은 지금의 컴퓨터와 인공지능에 관한 기본적인 사고방식을 만들고, 당시 나치 독일과의 전쟁에서도 큰 역할을 맡았어. 지금도 튜링이라는 이름은 컴퓨터 세계의 노벨상이라 불리는 튜링상에 남아 있어."

"오, 그런 사람이 있었구나. 분명 구글의 창업자나 A.I.D의 발명자처럼 큰돈을 벌었겠지."

"그렇지도 않아. 튜링은 불우한 만년을 보내고 마지막에는 스스로 독사과를 먹고 죽었어."

"어머 컴퓨터를 발명한 사람이? 그런 사람이 어째서 그런 짓을 했지?"

사과를 먹고 죽었다. 어디서 그런 이야기를 들은 적이 있는 것 같다. 그것은…… 맞다, 하비에르 신부님이 권해서 억지로 참가했던 성경 공부 모임에서다.

분명 신이 만든 인간은 사악한 뱀의 꼬임에 넘어가 금단의 과실을 먹고 에덴의 낙원에서 쫓겨났어. 그 지혜의 열매가 사과 아니야?

전쟁의
운명을 가른
컴퓨터의 탄생

1945년 미국의 뉴멕시코 주 로스앨러모스 국립연구소에서 세계의 운명을 바꿀 실험이 이뤄졌다. 실험명은 기독교의 '삼위일체'를 의미하는 '트리니티'. 이 실험이 실시되자 16킬로미터 떨어진 관측소에서도 폭발의 섬광으로 눈이 부실 정도였고, 이어서 거대한 버섯구름이 피어올랐다.

그것은 1개월도 지나지 않아서 일본의 히로시마와 나가사키에 투하되고 태평양 전쟁을 종결시키는 동시에 엄청난 비극을 초래한 원자폭탄이 최초로 폭발한 순간이었다.

이 모습을 마른침을 삼키며 지켜보던 인물이 있다. 핵폭발 실현에 필요한 계산을 행한 수학자 존 폰 노이만John von Neumann*이다. 그는 컴퓨터를 발명한 사람이기도 하다. 오늘날 사용하는 거의 모든 컴퓨터가 여전히 이 노이만형 컴퓨터의 구조(입출력 장치, 중앙처리장치, 메모리)를 따르고 있다. 그는 컴퓨터를 폭탄을 계산하는 데 이용했다.

이처럼 컴퓨터가 만들어진 것은 세계를 엄습한 제2차 세계대전의 혼란 속이었다. 1930년대 전반 나치가 등장하여 독일 내에 독재체제를 확립하고, 1939년에 폴란드를 침공하면서 제2차 세계대전이 시작된다. 1940년에는 독일 · 일본 · 이탈리아가 삼국동맹을 맺고, 그다음 해에는 일본의 진주만 공격으로 미국이 참전하게 되면서 세계는 전란의 소용돌이로 빠져들었다.

이 제2차 세계대전의 결과에는 컴퓨터가 결정적인 영향을 미쳤다. 앞에서 말한 것처럼 원자폭탄 개발을 위한 계산에 컴퓨터가 이용되었고, 또 다른 예로 암호 해독이 있다.

독일은 당시 세계 최고 성능을 자랑하는 암호 장치 '에니그마'를 이용하여 통신을 암호화했다. 피트가 말했던, 노이만과 나란히 컴퓨터를 발명한 사람으로 일컬어지는 앨런 튜링Alan Mathison Turing**이 컴퓨터를 이용하여 이 에니그마를 해독한 것이 연합군이 승리하는 큰 요인 중 하나가 되었다.

튜링과 노이만이 컴퓨터로 실현하고자 한 것에는 공통점이 있다. 비록 폭탄과 암호 장치라는 차이는 있지만 다른 기기가 어떻게 작동하는지를 시뮬레이션하고 예측한다는 것이다. 특히 튜링은 그처럼 생각하는 힘을 가진 컴퓨터는 이윽고 인간을 뛰어넘을 만큼의 지능을 획득할 것이라고 예언했다. 여기서 인공지능의 역사가 시작된다.

그러나 그 결과, 튜링과 노이만은 모두 비명의 죽음을 맞이하게 된다. 인공지능은 인류에게 금단의 열매였던 것일까?

---

*존 폰 노이만(John von Neumann) 헝가리 태생의 수학자. 오늘날 사용하는 컴퓨터 구조(입출력 장치, 중앙처리장치, 메모리)의 기원이 된 노이만형 컴퓨터와 원자폭탄의 개발 등에 기여한다.
**앨런 튜링(Alan Mathison Turing) 영국의 수학자. 컴퓨터의 이론적 원리를 설명하는 튜링 머신, 인공지능의 실리성을 측정하는 튜링 테스트를 제안한다.

인공지능, 아직 쓰지 않은 이야기

생각을
0과 1로 나누다

컴퓨터라는 말의 원래 의미는 '계산기'이다. 그러나 우리는 보통 스마트폰이나 컴퓨터를 사용할 때 그다지 '계산'하고 있다는 생각은 하지 않는다(엑셀 시트를 사용할 때 정도밖에는 없지 않을까). 컴퓨터는 물론 말이나 이미지나 영상과 같은 여러 '정보'를 다루는 기계로서 이용된다.

컴퓨터에서 다루는 정보는 0 또는 1의 두 가지 상태를 나타내는 '비트'라는 단위로 표현된다는 얘기를 들은 적이 있을 것이다. 0 또는 1의 조합만으로, 성서의 문장이나 회사 장부를 비롯하여 〈스타워즈〉의 영상에 이르기까지 온갖 정보를 표현할 수 있다.

제2차 세계대전이 발발하기 직전인 1930년대, 당시 사용했던 대다수의 기계는 전기회로에 의해 제어되었다. 그런데 그 제어를 위한 이론은 확립되지 않아 전화 회선의 교환도 교환원에게 맡겨야 했다. 그러던 중 미국 보스턴 매사추세츠공과대학(MIT)의 젊은 대학원생이 발표한 석사논문이 이 문제를 명백히 해결하여 큰 화제를 불러일으켰다. 이 논문을 쓴 클로드 섀넌Claude Elwood Shannon*은 초창기 인공지능의 개발에 힘쓴 사람이다.

섀넌의 논문이 나오기 약 100년 전 조지 불George Boole**이라는 수학자는 인간의 논리적인 사고를 수식으로 표현하는 '불 대수'라는 수학 이론을 만들었다. 그리고 불 대수의 기초가 되었던 것이 모든 논리적인 사고는 0 또는 1의 두 가지 상태의 조합으로 표현할 수 있다는 것이었다. 이 불 대수의 창시로 이전까지는 철학의 영역으로 여겨졌던 논리적 사고가 비로소 수학적으로 다뤄지게 되었다.

섀넌은 전기회로를 온 또는 오프의 두 가지 상태를 띠는 스위치 조합으로 표현할 수 있다고 생각했다. 그 결과 불 대수를 이용하면 전기회로를 제어할 수 있는 수학 이론을 만들 수 있다고 제안했던 것이다. 섀넌의 이 논문으로 인해 인류는 처음으로 전기회로를 생각대로 제어하고, 디지털 컴퓨터와 디지털 통신기를 만들게 되었다.

전후 섀넌은 이 전기회로의 사고방식을 발전시켜 0 또는 1의 비트를 수없이 조합함으로써 모든 정보를 표현하고 통신하는 것을 실현시킬 '정보 이론'을 만들었다.

샤넌의 이러한 업적은 당시 컴퓨터 개발에 힘을 쏟고 있던 튜링이나 노이만에게도 큰 영향을 미쳤다. 튜링이나 노이만의 컴퓨터도 비트를 사용한 디지털 방식을 채용한다. 그뿐 아니라 오늘날 컴퓨터와 인터넷에서 다루는 거의 모든 정보는 이 샤넌의 비트다.

불이 아직 무명이던 수학교사 시절에 만든, 인간의 논리적 사고를 0 또는 1이라는 두 가지 상태로 표현한다는 이론을 당시 사람들은 좀처럼 이해하지 못했다. 그러나 불 대수는 결과적으로 오늘날의 컴퓨터와 인공지능의 기반이 되었다.

성서에 등장하는 천지 창조 이야기는 신이 혼돈 속에 빛과 어둠을 나누면서 시작된다. 이렇듯 두 개로 나눈다는 것이 디지털의 우주를 창조하는 데도 결정적인 역할을 했다.

---

*클로드 섀넌(Claude Elwood Shannon) 미국의 공학자, 수학자. 디지털회로 이론과 정보 이론을 창시했다.
**조지 불(George Boole) 19세기 영국의 수학자. 논리적 사고 과정을 수학적인 방정식으로 표현하는 불 대수를 창시했다.

마음을
흉내 내는
기계를 꿈꾸다

한편 독일은 유럽에서 전쟁을 일으킨 이후 노르웨이나 프랑스를 점령하는 등 파죽지세로 진격해 나갔다. 독일이 이러한 전과를 거둔 것은 당시 세계에서도 가장 선진적인 군사기술을 보유하고 있었기 때문이다. 독일이 보유한 선진 기술 중 하나로 '에니그마'라는 기계를 꼽을 수 있다.

독일어로 '수수께끼'를 의미하는 에니그마는 당시 전신을 이용한 통신을 암호화하는 기계로, 발명 이래 연합군은 단 한 번도 완전한 해독에 성공한 적이 없었다. 영국을 필두로 한 연합군은 독일의 맹위 앞에 열세에 몰렸다. 이때 에니그마를 해독하여 독일군의 작전을 엿들을 수 있다면 형세를 역전시킬 카드가 될 수 있었다. 1939년 영국 정부는 국가를 대표하는 암호 전문가들을 런던 교외의 블레츨리 파크라는 저택에 모아놓고 에니그마의 해독에 매달렸다. 그들 중 한 사람이 젊은 수학자 앨런 튜링이었다.

튜링은 젊은 시절 그 업적을 인정받아 미국의 프린스턴 고등연구소에서 유학했다. 그러나 조국이 위기에 처하자 주위의 만류도 뿌리치고 귀국했다. 튜링은 부임한 지 불과 반년 만에 에니그마 암호의 일부를 해독할 수 있는 기계를 개발하는 데 성공한다. 그 뒤에도 여러 차례 기계를 개량하여 독일의 작전에 대한 모든 정보를 얻었고, 최종적으로 연합군은 독일을 물리친다.

튜링이 에니그마를 해독하지 않았다면 연합군은 독일을 이기지 못했을 것이라고 말할 정도다. 난공불락의 에니그마를 튜링은 어떻게 해독했던 것일까? 그 배경에는 튜링이 암호 해독 전에 몰두했던 연구가 존재한다. 그것은 에니그마를 포함한 온갖 계산기의 동작을 흉내 낼 수 있는 만능 기계, 튜링 머신을 만드는 방법에 대한 것이었다.

튜링 머신을 대략적으로 설명하면, ①기계 안에 설계된 내부 설정이 있다, ②그 설정은 외부로부터의 입력으로 변화한다, ③어떻게 변화하는지는 입력할 때의 내부 설정에 따라 결정된다.

무슨 말인지 모르겠다고? 이것은 사실 현재의 컴퓨터 시스템을 그대로 표현한 말이다. ①은 메모리를 가진 컴퓨터, ②는 컴퓨터 사용자나 인터넷을 거친 입력, ③의 내용은 소프트 프로그램을 넣음으로써 입력에 대한 응답을 바꿀 수 있다는 것에 상응한다.

이들 특징을 가진 컴퓨터는 여러 가지 계산을 할 수 있는 프로그램을 적용함으로써 충분한 시간을 주면 어떤 다른 컴퓨터라도 흉내낼 수 있다고 튜링은 말했다. 그중에는 에니그마도 포함되어 있었다. 여기에서 소프트웨어에 따라 온갖 정보를 처리할 수 있는 지금의 컴퓨터를 생각해 냈다.

튜링의 아이디어는 계산기로서의 컴퓨터에 그치지 않았다. 그는 대담하게 인간의 마음도 수많은 계산의 축적으로 만들 수 있다고 생각했다. 그는 충분히 성능 좋은 튜링 머신이 만들어진다면 인간처럼 행동할 수 있을 것이라고 주장했다.

그러한 주장을 담은 논문에서 컴퓨터가 인간과 같은 수준의 지능을 가질 수 있는지 여부를 확인하기 위하여 '이미테이션 게임(흉내내기 게임)'이라는 시험을 제안한다. 그 시험에서는 복수의 인간과 인간을 흉내 낸 컴퓨터가 심판을 보는 인간과 채팅한다. 심판이 그들 중 어느 쪽이 인간이고 어느 쪽이 컴퓨터인지를 판별할 수 없다면 컴퓨터는 인간처럼 똑똑하다고 판명되는 것이다.

물론 인간과 컴퓨터의 실체는 전혀 다르기 때문에 이런 시험으로는 컴퓨터가 인간처럼 생각하는지 알 수 없다고 당시 비판을 받았다. 그래도 이 시험은 오늘날 '튜링 테스트'라고 부르고, 인공지능의

인공지능, 아직 쓰지 않은 이야기

지능을 측정하는 하나의 방법으로 널리 실시되고 있다.

2014년, 65년 만에 처음으로 튜링 테스트에 합격한 프로그램이 나타났다. 인간을 흉내 낼 수 있는 기계라는 튜링의 아이디어는 현실이 되어 가고 있는 것이다.

금단의 과실에 손대고 낙원에서 쫓겨난 남자

튜링은 인간까지도 흉내 낼 수 있는 만능 기계라는 아이디어를 어디서 얻었을까? 그것을 이해하기 위해서는 그가 왜 사과를 베어 먹고 죽어야만 했는지를 알 필요가 있다. 죽기 전해 튜링은 젊은 남성과 관계를 가졌다. 당시 영국에서 동성애는 범죄로, 튜링은 체포되어 신문에도 대대적으로 보도되었다. 그 결과, 튜링은 스스로 죽음을 선택했다.

튜링은 어릴 적부터 수학과 퍼즐에 재능을 보였다. 상류층 아이들이 다니는 공립학교에 입학했지만 비뚤어진 성격 때문에 좀처럼 주위에 녹아들지 못했다. 그러던 중 튜링은 수학과 과학에서 뛰어난 성적을 자랑하던 한 살 연상의 크리스토퍼라는 소년을 만나면서 학문에 눈을 뜬다. 어린 튜링은 크리스토퍼에게 연심을 품고 있었던 것인지도 모른다.

그러나 튜링이 대학에 합격한 바로 그 무렵에 크리스토퍼는 결핵으로 세상을 떠난다. 튜링이 마음을 가진 기계에 집착한 것은 크리스토퍼와 다시 만나기 위한 것이었다고 생각하는 사람도 많다.

이 같은 마음을 지닌 기계에 대한 튜링의 생각은 신을 등지고 인조인간을 만든 프랑켄슈타인 이야기를 떠올리게 한다. 튜링은 인공지능에 관한 논문에서, 《프랑켄슈타인》의 작가 메리 셸리의 친구였던 에이다 바이런의 논문을 인용한다. 튜링을 비롯한 컴퓨터 개발자들은 에이다와 찰스 배비지의 꿈을 이어받았다.

우리 인간은 누구나 죽을 운명에 있다. 구약성서의 내용에 의하면, 그것은 지혜의 열매로 얻은 지능의 대가라고 말한다. 그것은 튜링이 사과를 베어 먹고 죽음에 이르는 비극을 암시한다.

튜링이 마음을 가진 기계를 꿈꿨던 배경에는 인간의 죽음을 초월하고 싶다는 바람이 있었을지도 모른다. 그의 바람처럼, 지금 마음을 가진 기계가 현실이 되어 가고, 죽음이나 노동의 고통이라는 원죄에서 우리를 해방시킬 가능성이 커지고 있다.

박사는 왜
폭탄을
사랑하게 되었나?

튜링은 에니그마 해독에 매진하기 전에 프린스턴 고등연구소에서 유학했다. 이 연구소는 유럽에 나치의 어두운 그림자가 드리운 가운데 우수한 과학자의 피난처 역할을 맡았다. 그중에는 유태인이었던 아인슈타인 박사도 있었다.

그런 망명 과학자 중에 튜링의 연구를 높이 평가하고 영국으로 돌아가지 말고 함께 컴퓨터 개발에 힘을 쏟자고 권한 존 폰 노이만 박사가 있었다.

노이만은 1903년 당시 오스트리아·헝가리 제국의 수도 부다페스트에서 유복한 귀족의 자녀로 태어났다. 노이만은 어린 시절부터 천재적인 어학 능력이나 기억력, 수학 재능을 보였다. 20대에는 이미 수학자로서 유럽에 널리 이름을 알렸다. 그런데 노이만의 행복에 나치 독일이라는 그림자가 드리운다. 노이만 일가는 유태계였던 것이다. 1933년에 노이만은 프린스턴 고등연구소의 초청으로 가족과 함께 미국으로 도피하게 된다.

자신과 가족을 이 같은 처지로 만든 나치 독일로 대표되는 전체주의에 대한 증오는 노이만을 전쟁의 소용돌이에 휘말리게 했다. 미국으로 이주한 뒤 과학자로 활동하면서, 노이만은 군의 병기 연구에도 깊이 관여한다. 그중 가장 큰 영향을 미친 것이 핵무기의 실현을 위한 이론 연구였다.

그 무렵 미군에서는 1회 계산에 2~3개월이나 걸렸던 탄도 계산 시간을 단축하기 위해 역사상 최초로 디지털 컴퓨터 '에니악ENIAC'을 개발하기 시작했다. 군의 무기 개발에 관여했던 노이만은 에니악이 튜링 머신이고, 그 기능이 탄도 계산뿐 아니라 좀 더 다양한 용도로 사용될 수 있다는 것을 알아차렸다. 그리고 프로젝트에 참여하면서 '화성인', '인간보다 진화한 생물'이라 불리던 천재적인 두뇌를 총동원하여 개발상의 문제를 차례로 해결했다.

최초의 원자폭탄의 섬광은 컴퓨터가 창조해 낸 빛이기도 했다. 에니악의 개발은 첫 원자폭탄의 실험과 종전에 맞춰 완료되지는 못했다. 그러나 제2차 세계대전이 끝나면서 이번에는 소련과의 냉전이 시작되었다. 완성한 에니악을 사용하여 처음에 한 일은 히로시마형 원자폭탄의 1,000배나 되는 파괴력을 가진 수소폭탄을 개발하는 것이었다. 전체주의에 대한 적의를 품고 있던 노이만은 '왜 지금 당장이라도 소련을 폭격하지 않는가?'라고 말하기도 했다.

냉전이 한창이던 때 영화감독 스탠리 큐브릭Stanley Kubrick은 수소폭탄으로 인한 종말 전쟁을 그린 블랙 코미디 〈닥터 스트레인지러브: 어떻게 나는 폭탄을 근심하는 대신 사랑하게 되었나〉에서 노이만을 모델로 한 닥터 스트레인지러브라는 '미친 과학자'를 등장시킨다.

100만 개의 어플리케이션을 사용하게 한 남자

노이만을 아는 사람들은 노이만이 20세기의 가장 똑똑한 인간이었다고 입을 모아 말한다. 노이만은 세상의 현상을 수학으로 표현하고 모델을 만들고 시뮬레이션함으로써 삼라만상을 이해할 수 있다고 말했다. 그 업적은 군사기술에 그치지 않고 물리학, 경제학, 생물학, 기후학 등의 분야에 오늘날까지 끊임없이 영향을 미치고 있다.

노이만의 이런 업적은 그 자신의 계산 능력 덕분에 가능했다. 실제로 노이만은 자신이 개발한 에니악과 계산 능력을 겨뤄 우승한 일화도 있다. 노이만은 자신처럼 계산하는 것으로 세계를 시뮬레이션하고 조작할 수 있는 기계를 만들었던 것이다.

오늘날의 컴퓨터는 거의 모두가 노이만이 확립한 계산을 기초로 하고, 그 이름 역시 '노이만형 컴퓨터'라 불린다. 노이만형 컴퓨터는 현대의 대다수 컴퓨터에서 볼 수 있듯이 중앙처리장치(CPU), 단기 메모리, 장기 메모리(HDD 등), 입출력 장치를 가지도록 설계되었다.

가장 중요한 점은 장기 메모리에 보존한 소프트웨어를 필요한 때에 단기 메모리로 불러내어(어플리케이션을 시동하여) 실행하게 한 점으로, 컴퓨터에 여러 가지 소프트웨어를 넣어 두고 필요에 따라 기능을 실행할 수 있도록 한 것이다. 아이폰에 100만 개가 넘는 어 플리케이션이 제공된 것은 노이만의 덕분이라고 말할 수 있다.

전쟁이 만든
폭탄보다
무서운 괴물

이제까지 서술했듯이 섀넌이나 튜링, 노이만이 만든 컴퓨터의 기초
는 실은 사람의 마음을 기계로 재현한다는 큰 목표를 향하고 있었다.

섀넌이 만든 비트와 디지털 정보 이론은, 사람의 윤리적인 사고
는 0과 1의 조합을 통해 기계적으로 계산할 수 있다는 사고방식에
근거한다. 튜링은 모든 기계의 행동을 계산을 통해 흉내 낼 수 있는
기계를 만들어 내고, 기계뿐 아니라 사람의 마음도 흉내 낼 수 있다
고 제안했다. 노이만은 스스로 그랬던 것과 마찬가지로 삼라만상을
시뮬레이션하여 이해하고 조작할 수 있는 기계를 만들려고 했다. 오
늘날 우리가 매일 사용하는 스마트폰이나 컴퓨터, 인터넷은 그 뿌리

를 더듬어 가보면 그처럼 마음을 가진 기계를 만들려는 아이디어에서 생겨 난 것이다.

또한 노이만은 '특이점'이라는 개념을 처음으로 말한 사람으로 알려져 있다. 프린스턴 고등연구소의 동료이자 수소폭탄을 개발한 한 사람은 노이만과 다음과 같은 대화를 주고받았다고 한다.

"어느 시점이 되어 진보가 빨라지는 한편 기술과 생활양식의 변화가 화제가 될 것이다. 그때 인류 역사는 어떤 본질적인 특이점 singularity(=특이성)에 다가가고, 그것을 뛰어넘게 되면 우리가 알고 있는 인간 생활은 이미 지속 불가능하게 될 것이라고 이야기했다."

노이만은 컴퓨터의 힘으로 무시무시한 무기를 만들어 내고, 20세의 역사를 바꿨다. 그러나 노이만은 그런 무기가 지닌 엄청난 파괴력조차 컴퓨터가 이후에 가져올 변화에 비하면 미미하다고밖에 생각하지 않았다. 노이만 자신이 원자폭탄 실험에 성공한 직후에 아내에게 한 말을 인용하며 이 장을 마무리 해본다.

"우리가 지금 만드는 것은 괴물로, 그것은 역사를 바꿀 힘을 가지고 있다. 역사라 불리는 것이 훗날 남아 있다면 말이다. (중략) 그러나 과학자로서 과학적으로 가능하다는 것을 알면서도 하지 않는 것은 윤리에 반한다. 비록 그 결과로 아무리 무서운 일이 벌어진다고 해도. 그리고 이것은 그저 시작에 불과하다!"

컴퓨터는 인간을 어디까지 똑똑하게 만들까

방주에서 나온 퍼스널 컴퓨터

피트의 홀로그램은 세상을 떠난 튜링의 모습을 매우 생생히 보여 주었다. 베어 먹은 흔적이 남은 사과가 머릿속에서 떠나지 않았다. 어릴 적 사랑했던 친구를 잃고 어른이 되어 사귄 상대에게 배신당한 튜링은 어떤 마음이었을까? 나는 잠시 숨을 돌렸다가 하비에르 신부님을 찾아가기로 했다.

신분님은 한차례 나의 이야기를 들은 뒤, 잠시 침묵하고 나서 입을 열었다.

"그런 일이 있었구나. 참 흥미롭네."

"전에 신부님이 말씀하셨던 것이 생각났어요."

"분명 지혜의 열매를 먹은 아담과 이브는 금기를 깨고 지능을 얻어 주님의 분노를 샀어. 나도 전기나 자동차가 없으면 곤란하니 인간이 똑똑해진 은혜를 부정할 생각은 없다. 그러나 무엇이든 한도라는 것이 있어. 기계에 마음을 갖게 하고 죽은 사람을 되살리는 일은 역시 내게는 신도 두려워하지 않는 소행이라고밖에 생각되지 않는구나."

"저요, 두려워졌어요. 비록 연인과 다시 한 번 만나고 싶다는 순수한 마음이라도 역시 벌을 받을까요?"

"주님은 우리에게 한없는 사랑을 주시지. 그러나 우리가 그 사랑에 등을 돌리는 일을 한다면 용서 없이 우리를 멸하기도 해. 예컨대 성서에 있는 대홍수처럼."

"아, 들은 적 있어요. 분명 노아라는 사람이 방주를 만들었죠?"

"그래. 주님은 노아에게 방주, 우리는 '아크Ark'라고 하는데 여하튼 그것을 만들도록 명하고, 노아의 가족과 모든 동물을 한 쌍씩 태울 준비를 하라고 하셨지. 지금 우리는 모두 노아의 자손인 셈이야."

"신은 어째서 노아를 선택했을까요?

"그것은 노아가 신앙심이 두텁고 올바른 행동을 해온 사람이었기 때문이야. 당시는 주님의 가르침을 저버리는 나쁜 행동이 횡행했어. 하긴 지금 세상도 마찬가지지만. 마리도 좀 더 신앙심을 돈독히 하지 않으면 방주에 탈 수 없어!"

방주에 탈 수 있었다면 그때는 나도 짝 지워졌을까? 돌연 리쿠의 얼굴이 떠올라 무심코 웃음이 터졌다.

나는 무표정한 신부님과 헤어져 다시 피트 선생님의 강의로 돌아왔다. 신부님과 이야기하면서 문득 떠오른 의문을 말했다.

"저기 피트, 튜링이나 노이만이 컴퓨터를 만든 것은 알겠는데, 피트는 홀로그램으로 본 옛날 컴퓨터와는 너무 달라서 같은 컴퓨터라고는 생각되지 않아. 내가 어릴 적에 아빠가 사용했던 구식 컴퓨터도 피터처럼 말하지 못했거든. 컴퓨터를 만든 사람들은 모두 인공지능을 만들려고 했겠지? 그런데 어째서 최근까지 인공지능을 만들지 못했어?"

"그건 신부님이 말씀하셨듯이 신도 두려워하는 일이니까, 라는 말은 농담이고, 간단히 말해, 쉽지 않았어. 우선 지금처럼 너희의 뇌 구조도 알지 못했고, 비록 알았다고 해도 우리를 만드는 데 충분한 데이터를 준비하거나 그 데이터를 처리할 만큼 컴퓨터의 성능이 좋지 않았어."

"그렇겠지. 그런 크고 딸깍거리는 기계가 대단한 일을 할 것 같지는 않아. 하지만 컴퓨터는 훨씬 작아져 스마트폰이나 A.I.D가 널리 사용되기 전에는 모두가 편리하게 사용했어. 그렇게 큰 컴퓨터를 보통 사람이 사서 사용하게 되리고 누가 생각했겠어."

"그것은 더글러스 엥겔바트Douglas Engelbart라는 사람이 만든 것으로, '아크'라는 곳에서 만들어졌어."

아크. 그 이름을 듣는 순간, 나는 등골이 오싹해지는 것을 느꼈다. 그것은 좀 전에 신부님이 말한 노아의 방주의 또 다른 이름이었기 때문이다.

반역아들이
퍼스널 컴퓨터를
낳았다

1장에서 보았듯이 제2차 세계대전에서 컴퓨터의 도움으로 미국과 영국이 이끄는 연합군이 승리했다. 그러나 전쟁이 끝난 것은 아니다. 미국과 어깨를 나란히 하던 소련은 제2차 대전을 무사히 끝내고 착실하게 공산주의의 영향력을 세계로 확대하고 있었다.

　조지 오웰이 전체주의에 지배당한 디스토피아를 그린 《1984》를 저술한 것은 이 무렵이다. 1950년대에 스푸트니크 인공위성을 쏘아 올리는 데 성공한 소련은 자본주의 진영에 적지 않은 충격을 던졌다. 이에 우주 공간까지 전선에 포함시키며 군사기술 개발 경쟁이 심화되었다. 특히 노이만도 힘쓰던 핵무기 개발에 다투듯 뛰어들어 세계는 핵전쟁으로 인한 파멸에까지 내몰렸다.

그리고 컴퓨터는 그런 냉전 속에서 중심 역할을 맡았다. 원자폭탄 개발 계산에 IBM은 아날로그 계산기를 주로 이용했다. 노이만은 전쟁이 끝난 뒤에 IBM의 고문으로서 디지털 컴퓨터 분야에서 세계를 제패하는 기초를 구축한다. IBM은 원래 정부의 국세 조사를 위한 계산기로 성장한 회사로, 계산기·컴퓨터는 이처럼 정부나 대기업이 군사나 인간 관리에 이용하는 도구였다. IBM의 대형 컴퓨터는 차츰 개인을 억압하는 중앙집권적인 체제의 상징이 되어 갔다.

또한 이 시대에 튜링과 노이만의 뜻을 이어받은 과학자들은 컴퓨터를 이용하여 인공지능을 실현하는 것을 목표로 한다. 그들은 컴퓨터로 사람의 마음을 실현하는 데 매우 낙관적이었다. 하지만 시간이 흐르면서 자신들의 힘을 과신했음을 깨닫는다. 인공지능에 대한 연구는 여러 차례 장벽에 부딪히게 된다. 마치 에덴동산에서 쫓겨난 뒤 지상에 퍼진 인류가 신에 대한 경외심을 잃고서 대홍수로 멸망한 것처럼.

인간에 비유하면 컴퓨터는 갓 태어난 아기와 같았다. 많은 사람이 보살펴 주지 않으면 혼자서는 아무것도 하지 못했다. 그래도 아기가 부모를 비롯한 주위 사람들과의 교류를 통해 성장해 가듯이 컴퓨터는 차츰 그 능력을 높이고 사회 안에 퍼져 나갔다.

지능을 만드는
신의 영역에
도전하다

튜링과 노이만이 세상을 떠난 이후에 인공지능 연구를 추진한 사람은 섀넌이다. 섀넌은 세계 최초로 체스 게임이 가능한 프로그램을 개발했다. 또한 섀넌은 교육자로서 젊은 학생들을 지도하는 데도 힘썼다. 그 학생 중에 마빈 민스키Marvin Minsky*와 존 매카시John McCarthy**라는 젊은이가 있었다. 이들 세 사람이 중심이 되어 1956년 미국 동부의 다트머스 대학에 주요한 연구자를 모아 회의를 개최했다. 그리고 이 회의에서 매카시가 비로소 '인공지능AI · Artificial Intelligence'이라는 말을 제안한다. 이 회의가 오늘날 인공지능의 시작이었다.

회의에서는 오목이나 체스 같은 게임을 할 수 있는 프로그램이 화제가 되었다. 특히 화제를 불러일으킨 발표 중 하나는 수학의 정리를 자동으로 증명하는 프로그램이었다. 이것이 사상 최초의 인공지능 프로그램이다.

이 회의의 참석자들은 인공지능에 매우 낙관적인 전망을 가지고 있었다. 정리를 증명하는 프로그램을 개발한 허버트 사이먼Herbert Simon은 단 10년 만에 인공지능이 체스로 세계 제일이 될 것이라고 예언한다. 하지만 그는 훗날 이 예언이 너무 낙관적이었다고 반성하게 된다.

여하튼 이제까지는 인간밖에 할 수 없던 지적인 작업을 기계가 할 수 있게 됨으로써 신의 영역이라고 생각되었던 일, 즉 사람의 마음을 사람의 손으로 만드는 일을 할 수 있을지 모른다고 많은 이들이 생각하기 시작했다.

매카시와 민스키는 1959년에 매사추세츠공과대학(MIT)에서 합류하여 인공지능연구소를 설립한다. 미국 국방부 내에서 연구개발 지원을 담당하는 고등연구계획국(ARPA)에서 거액의 자금을 제공받고 다수의 연구원을 맞이하여 활발한 활동을 전개한다. 일례로, 체스 프로그램이 점차 강력해져 갔다.

인공지능 연구자의 지나치게 낙관적인 자세는 비판도 샀는데, 그에 앞장선 사람 중 휴버트 드레이퍼스Hubert Lederer Dreyfus라는 철학자가 있었다. 드레이퍼스는 '인공지능이 체스를 할 리 없다'며 호언했고, 결국 MIT 프로그램과 드레이퍼스가 체스로 맞붙게 되었다. 그 결과, 프로그램이 드레이퍼스를 꺾었다!

또한 이 연구소에서 내놓은 결과 중에는 튜링 테스트에 대한 도전도 있었다. 연구소에서 개발된 엘리자ELIZA라는 프로그램은 차트를 통해 정신과 의사가 하는 카운슬링을 할 수 있었다. 이 프로그램은 상담자가 입력한 문자에 대해 정해진 패턴의 대답으로 대응하는 아주 단순한 것이었지만, 상담자 대부분이 정신과 의사의 카운슬링을 받았다고 믿었다.

이 밖에도 MIT와 훗날 매카시가 옮겨 간 서부의 스탠퍼드 대학에서 여러 가지 성과를 내놓았다. 민스키가 추진한 인간의 신경구조를 흉내 낸 신경회로망neural network에 대한 연구, 컴퓨터에 지식을 데이터베이스로서 구축하고 의사 등의 전문가처럼 판단하도록 한 전문가 시스템expert system 발명, 자연스러운 언어로 가상현실 세계의 나무 블록을 조작하도록 명령할 수 있는 시스템 개발 등, 인공지능 개발은 전도양양한 듯이 보였다.

1968년에는 SF 작가인 아서 C. 클라크Arthur C. Clarke와 영화감독 스탠리 큐브릭 콤비가 만든 〈2001년 스페이스 오디세이〉가 공개된다. 이 작품에는 인간처럼 대화하고 인간을 돕는 HAL 9000이라는 인공지능이 등장한다.

인공지능, 아직 쓰지 않은 이야기

MIT의 연구소장이었던 민스키는 이 작품에 조언자로서 관여하여 영화와 소설에 등장하기도 한다. 이 HAL은 이야기 속에서 결과적으로 인간을 배신한다. 그것은 마치 유망하다고 믿었던 인공지능 연구의 행방을 암시하는 듯하다.

---

*마빈 민스키(Marvin Minsky) 미국의 인공지능 연구자. MIT 인공지능연구소 소장을 역임했다.
**존 매카시(John McCarthy) 미국의 인공지능 연구자. 1956년 최초로 '인공지능(AI)'라는 말을 사용했다. 인공지능이 지닌 제약 중 하나인 '프레임 문제'를 제안한다.

도전할수록
멀어지는 인공지능

1960년대 후반이 되면 연구자들의 불손함도 한풀 꺾인다. 아무래도 인간과 같은 인공지능을 실현하는 것은 생각만큼 간단하지 않다고 연구자들 스스로 인식하기 시작한 것이다.

그중에서도 가장 큰 문제는 컴퓨터의 계산 능력이 한정되어 있어서 도무지 무한해지지 않는다는 점이었다. 현실 세계에서는 한 가지 일에 대하여 생각할 때, 관계된 것을 짚어 보려고 하면 얼마든지 무한히 짚어 볼 수 있고, 모든 것을 철저히 생각하려면 무한한 시간 동안 계산이 이뤄지고 만다.

예컨대 대니얼 데닛Daniel C. Dennett이라는 철학자는 가공의 폭탄

처리 로봇을 생각해 냈다. 로봇은 폭탄을 처리하면서 자신이나 주위 인간에게 피해가 미치지 않도록 해야 한다는 명령을 받는데, 그러면 로봇은 무엇이 피해를 미칠지 무한히 생각을 이어가고 아무것도 하지 못한 채로 끝나 버린다. 1969년에 매카시가 자신의 논문 중에 이 문제에 대하여 말하면서 생각하지 않으면 안 되는 범위, 즉 프레임을 좁히지 않은 데서 오는 것으로 이것을 '프레임 문제'라고 불렀다.

또 대화하는 프로그램에 있어서도, 엘리자는 환자의 말을 그 의미는 전혀 이해하지 못한 채 단순히 기호의 패턴으로밖에 다루지 않는다. 이것으로는 진짜 내용을 이해하고 대화하고 있다고 할 수 없다. 철학자 존 설John Rogers Searle은 이 같은 상황을 '중국어 방Chinese room'이라고 표현했다.

중국어를 모르는 사람을 작은 방에 넣고 엘리자와 마찬가지로 특정 중국어의 입력에 특정 중국어를 출력하는 규칙만을 정한다. 외부인이 보면 방 안에는 중국어를 말하는 사람이 있는 것처럼 보이지만, 실제로는 기계적으로 대응하고 있을 뿐이다. 설은 이것으로는 중국어를 말한다고 볼 수 없다며 인공지능의 지능도 이와 같다고 주장했다.

이 같은 문제는 보다 넓게 보면, 컴퓨터 안에서 다루는 기호가 현실 사물과 대응하지 않는다는 문제에 이른다. 예컨대 컴퓨터에 '빨갛다'는 단어나 '사과'라는 단어는 등록할 수 있지만, '빨갛다고 느끼는 것', '사과라는 것'이 무엇인지 어떻게 컴퓨터에게 이해시키면 좋을까?

초기 인공지능 연구자들은 결과적으로 이들 문제를 해소할 수 없었다. 인간의 지능은 그들이 생각했던 것만큼 단순하지 않았던 것이다. 앞서 말한 문제가 제기하는 바는, 마음이라는 것을 컴퓨터 내 기호 처리만으로 실현할 수 있다고 상상한 것이 오류였다는 것이다.

1960년대에 거액의 연구비와 수많은 인재를 투입한 인공지능 연구는 1970년대에 들어서면서 돌연 제동이 걸리고 겨울을 맞이한다. 그것은 어쩌면 신에게 다가가려고 한 인간의 불순함을 벌하는 대홍수일지 모른다.

예를 들어 엘리자의 개발자는 내용 없는 프로그램을 접한 사람이 그 프로그램에 지성이 있다고 믿는 데 두려움을 느끼고 인공지능에 대한 혹독한 비판자로 돌변했다. 이 같은 전향자는 그 한 사람만이 아니었다. 인간 신경을 본뜬 프로그램을 연구했던 민스키도 그런 식으로 실현할 수 있는 지능은 매우 한정된다고 스스로 밝혔다.

1986년 MIT에서 스튜어트 브랜드 Stewart Brand라는 인물(이 사람이 훗날 중요한 역할을 맡게 되니 꼭 기억하자!)이 민스키와의 인터뷰에서 이런 이야기를 주고받았다.

"인공지능은 어떻게 되었습니까? 개발을 위한 연구가 시작된 지

30년이 되었는데, 아직 인공지능을 어떻게든 성공시키려고 노력하고 있습니까?"

"인공지능은 늘 멀어져 가는 목표로서 설정되었습니다."

퍼스널 컴퓨터를
낳은 '방주'

매카시나 민스키가 이끄는 인공지능 연구는 기대했던 성과를 올릴 수 없었다. 그러나 거기에 투입된 막대한 금액의 연구자금으로 인공지능에 국한되지 않는, 컴퓨터에 대한 다양한 연구개발이 이뤄졌다. 그 연구들은 훗날 인공지능과는 전혀 다른 컴퓨터의 비전, 퍼스널 컴퓨터로 결실을 맺는다. 그리고 이때의 주역이 '아크Ark'라는 조직을 창립하고 퍼스널 컴퓨터의 개념을 만들어 낸 컴퓨터의 예언자 더글러스 엥겔바트Douglas Carl Engelbart*다.

여러분도 컴퓨터, 혹은 거기서 파생한 스마트폰을 당연한 듯이 사용할 것이다. 그런데 대형 컴퓨터를 이용한 인공지능 연구가 번성했던 시대에는 개인이 자신의 컴퓨터를 가진다는 것은 이단이라고 할 만한 생각이었다.

당시 이용하던 것은 IBM의 덩치가 크고 고가인 컴퓨터였다. 그런 대형 컴퓨터는 많은 사용자가 공유하고 이용시간당 요금을 부과했다. 계산은 희소한 자원이었던 것이다. 그 같은 컴퓨터를 이용할 수 있는 것은 군이나 정부, 일부 대기업 그리고 대학의 연구기관으로 한정되었다. 그런 시대에 엥겔바트는 개개인이 제각기 컴퓨터를 소유하고, 또 그 컴퓨터를 서로 연결하여 결과적으로 그 능력을 높일 수 있다는 아이디어를 떠올린 것이다.

엥겔바트는 이 책에서 다루는 인물 중에서도 가장 강력하게 자신의 아이디어를 밀고 나간 사람이다. 그는 컴퓨터의 세계에서 노아(방주를 만든)와 같은 인물로 '그 시대 사람들 중에서 옳고 완벽한 사람'이었다. 엥겔바트는 어떻게 퍼스널 컴퓨터라는 비전을 얻었을까? 그것을 이해하기 위하여 먼저 시대를 거슬러 가보자.

노이만도 참가한 원자폭탄의 개발 프로젝트, 맨해튼 계획을 이끈 것은 바네바 부시Vannevar Bush**라는 과학자였다. 부시는 노이만처럼 현장에서의 개발에 힘쓴 것이 아니라, 군사와 관련된 과학기술 개발을 총괄하는 입장에 있었다. 그 경험을 통해서 노이만과는 또 다른 문제의식을 가졌다.

그것은 과학이나 기술에 관여한 인간이 알아 둬야 할 정보의 양이 시대와 함께 점차 증가하고 있다는 것이었다. 특히 원자폭탄 개발과 같은 복잡한 프로젝트는 수학자, 물리학자, 기술자 등 여러 다양한 분야의 전문가가 협력하여 노력할 필요가 있었다.

부시는 지금까지 이용해 온 종이 서적의 매체로는 그 같은 전문 지식의 공유가 효율적이지 않다는 것을 알았다. 그래서 당시의 최첨단 기술을 사용하여 보다 효율적으로 지식을 전달할 수 있는 장치를 고안하고 전쟁이 끝난 1945년에 논문으로 발표했다.

그 장치로는 문헌을 필름에 보존하고, 비행기의 조종간 같은 것을 사용하여 영사된 문헌에서 문헌으로 더듬어 '서핑'할 수 있다. 누군가가 더듬은 서핑의 궤적은 나중에 다른 사람도 더듬게 됨으로써 타인의 사고를 모방할 수 있다. 이것은 현재 웹의 원형이라고 말할 수 있을 것이다. 사람의 기억을 확장한다는 의미에서 부시는 이 장치를 '메멕스(MEMory EXtention)'라고 이름 붙였다.

이 메멕스 논문이 젊은 군인이던 엥겔바트의 운명을 크게 좌우한다. 전쟁 말기에 징병된 엥겔바트는 필리핀에서 메멕스 논문을 읽고 인간의 지능을 기계로 강화한다는 아이디어에 강한 인상을 받는다. 엥겔바트는 그 후 귀국하여 대학을 졸업하고 레이더 기사로 일한다. 이 무렵에 결혼도 한다. 그러나 엥겔바트는 어느 날 자신이 인생의 목표를 잃었음을 알게 된다. 엥겔바트는 그런 일에 진지하게 고민하는 성격이었다. 그러던 중 그는 돌연 메멕스를 떠올리고, 그것을 실현하는 것만이 자신의 사명이라는 계시를 받았다.

엥겔바트는 일단 생각하면 그것을 향해 곧장 나아가는 사람이었다. 대학에서 컴퓨터 학위를 받고, 그 이후 회사를 설립한다. 그러나 엥겔바트의 비전은 당시 전문가의 이해도 초월하는 것이었기 때문에 생각처럼 순조롭지 않았다. 이 무렵의 엥겔바트는 마치 방주를 만들기 위해서 악전고투하는 노아와 같았다.

암중모색하던 엥겔바트에게 군이나 대기업에 컴퓨터 기술을 컨설팅하던 스탠퍼드연구소가 스카우트 제의를 한다. 엥겔바트는 연구소에 들어왔지만, 거기에서도 엥겔바트의 비전은 이해를 얻지 못해 처음에는 컴퓨터를 구성하는 부품의 소형화 연구에 매진한다. 사실 여기서 생각지 못한 길로 돌아간 것이 엥겔바트에게 또 다른 깨우침을 선사한다. 그것은 컴퓨터의 구성 부품인 연산장치는 점점 작아지고 고성능이 되어 간다는 것이었다(이 점에 대해서는 이후 자세히 설명한다).

그런 생각을 가지고 있던 엥겔바트에게 구원의 손길이 뻗친다. 매카시나 민스키를 지원한 ARPA(미 국방부 고등연구계획국) 부장인 조지프 리클라이더Joseph Carl Robnett Licklider***는 엥겔바트처럼 같은 논문에 강한 영향을 받고 인간의 지능을 강화하는 컴퓨터라는 비전에 뜻을 같이했다. 엥겔바트는 ARPA에서 거액의 자금을 제공받고 스탠퍼드연구소 안에 직접 연구센터를 설립하고 개인이 각자 사용하는 대화식 컴퓨터, 마우스와 화면을 이용한 대화적인 조작, 네트워크상 도큐먼트의 상호 링크 등, 이후의 퍼스널 컴퓨터나 웹으로 이어지는 다양한 연구를 한다. 그 센터의 이름은 증대연구센터 Augmentation Research Center로 그 머리글자를 따면, 방주를 의미하는 '아크ARC'와 같은 발음이 되기 때문에 '노아'라는 애칭으로 불리기도 했다고 한다. 이것은 우연치고는 너무도 상징적이다.

인공지능 연구가 뜨겁게 이뤄지는 가운데 엥겔바트의 사고는 이단으로 치부되었다. 엥겔바트 자신도 '나의 연구는 사고하는 컴퓨터의 인공적 두뇌와는 분명히 선을 긋는다'고 말한다. 그러나 인공지능 연구에 대홍수가 덮치자 그 이후로는 아크에서 이뤄진 연구에 근거하여 만들어진 퍼스널 컴퓨터가 등장하고 널리 보급되어 간다. 그것은 노아의 방주에 탔던 것들의 자손이 홍수 이후의 세계에 널리 퍼져 가는 것과 같다.

---

*더글러스 엥겔바트(Douglas Carl Engelbart) 미국의 연구자. 메멕스에 영향을 받아 스탠퍼드연구소에 증대연구센터(아크)를 설립하여 오늘날 퍼스널 컴퓨터의 원형을 제안했다.
**바네바 부시(Vannevar Bush) 미국의 전기공학 연구자. 아날로그 컴퓨터와 원자폭탄 개발에 관여한다. 정보검색을 위한 기계 '메멕스'를 구상했다.
***조지프 리클라이더(Joseph Carl Robnett Licklider) 미국의 연구자. 역시 메멕스에 영향을 받고 미 국방부 고등연구계획국(ARPA)의 연구개발 부장으로서 인터넷의 원형을 구상한다. 또한 인공지능 및 엥겔바트의 연구에 자금을 제공한다.

인공지능, 아직 쓰지 않은 이야기

번성하라,
땅에 충만하라
무어의 법칙

고독하게 오로지 자신의 아이디어를 좇던 엥겔바트는 어떻게 그것
을 포기하지 않을 수 있었던 것일까? 사실 그 배경에는 컴퓨터의 진
화에 대한 어떤 생각이 있었다. 오늘날에는 무어의 법칙Moore's law이
라고 불리는데, 당시는 2의 법칙이라고 불렸던 그 아이디어는 결과
적으로 50년 넘는 시간 동안 옳다는 사실이 밝혀졌다. 그리고 이것
은 컴퓨터 산업이 폭발적으로 발전한 최대 요인으로, 오늘날 인공지
능의 실현으로도 이어지고 있다.

엥겔바트가 생각했던 시스템을 만들기에는 당시의 컴퓨터가 너
무 크고 고가에 성능이 떨어졌다. 그러나 연산장치가 점차 작아지

면 그만큼 작은 컴퓨터에 많은 부품을 넣을 수 있어서 성능이 좋아진다. 게다가 그처럼 보다 정밀한 컴퓨터를 이전과 동일한 비용으로 실현할 수 있다. 결국 시간이 지날수록 컴퓨터는 소형화되고 값은 저렴해지고 성능은 높아진다.

이것에 주목한 엥겔바트는 개개인이 컴퓨터를 사용하여 각자의 능력을 확장하는 미래가 찾아올 것이라고 확신시켰다. 1960년 엥겔바트는 강연 중 이에 대하여 말한다. 이 강연을 들은 사람 중 한 사람이 훗날 연산장치 회사를 설립한다. 바로 인텔이다. '인텔 인사이드Intel Inside'라는 문구로 유명한 곳으로, 오늘날 컴퓨터 연산장치로 독점적인 시장점유율을 자랑한다.

고든 무어Gordon E. Moore*는 엥겔바트의 강연을 듣고 5년 뒤인 1965년에 연산장치에 이용되는 부품인 실리콘 트랜지스터의 수가 18개월마다 2배로 증가한다는 무어의 법칙을 발표했다. 결국 컴퓨터의 성능은 18개월마다 약 2배가 된다는 것이다.

인텔이 최초의 연산장치를 발표한 것은 1971년으로 약 40년 전이다. 그럼 무어의 법칙에 따르면 40년간 성능은 몇 배가 되어야 할까? 답은 무려 100만 배다. 실제 인텔의 발표에 의하면, 인텔의 최신 프로세서는 최초의 것보다 성능이 35만 배로 향상되었다고 한다.

이 같은 일은 다른 어떤 산업에서도 일어난 적이 없다. 무어의 법칙에 따라 당시 방 하나를 가득 차지할 만큼 커다란 기계였던 컴퓨터가 책상 위에 놓는 컴퓨터나 손 안에 쏙 들어오는 스마트폰이 되고, 끝내는 안경이나 시계처럼 몸에 착용하고 가전제품에 집어넣을 정도로 작고 저렴해졌다.

이윽고 미국 캘리포니아 주 마운틴뷰 주변은 실리콘 트랜지스터로 만들어진 컴퓨터를 사용하는 많은 기업이 설립되고 대다수 기업가가 하룻밤 동안에 억만장자가 되는 황금기를 맞이했다. 그 지역은 이후 실리콘밸리라고 불렸다. 흡사 낙원에서 쫓겨난 인류가 자손을 낳아 땅에 충만하듯. 무어의 법칙은 2015년 현재에도 유효하여 2030년까지 동일한 속도로 성능이 향상하면 실용적인 인공지능의 실현에 성큼 다가갈 것이다.

---

*고든 무어(Gordon E. Moore) 세계 최대의 반도체 제조사인 인텔의 창업자 중 한 사람. 반도체의 성능은 18개월에 2배가 된다는 '무어의 법칙'을 발표한다.

저항 문화와 만난
퍼스널 컴퓨터

스스로 똑똑해지는 인공지능과 사람을 똑똑하게 만드는 퍼스널 컴퓨터의 대립을 이해하기 위해 당시 시대적 배경을 자세히 살펴보고 싶다. 컴퓨터와 인공지능은 무관한 것일까? 나중에 그렇지 않다는 사실이 밝혀지지만, 이에 대하여 잠시 살펴보자.

제2차 세계대전 이후 미국으로 대표되는 자본주의 진영과 소련이 이끄는 공산주의 진영의 충돌이 임박한 것은 누구의 눈에도 명백해 보였다. 소련의 후원으로 베트남에 공산주의 정권이 수립되자 케네디 대통령은 베트남의 반정부 세력에 지원하기로 결단한다. 미국은 진흙탕 싸움인 베트남 전쟁에 뛰어들었고 징병된 수많은 미국 청

인공지능, 아직 쓰지 않은 이야기

년을 포함하여 800만 명이 희생되는 결과를 초래했다.

이런 사회적 상황에 대해 어느 시대에나 그렇듯 의문을 제기한 것은 젊은 사람들이다. 미국 내에서 주류 정치나 과학은 동해안의 각 도시를 중심으로 이뤄졌다. 그에 비하여 서해안, 특히 캘리포니아 주는 주류에 반대하는 젊은 사람들이 이끄는 저항의 물결, 대항문화counter-culture의 거점이 되었다.

서해안은 본디 이민자들이 정부에 의지하지 않고 스스로 개척한 지역으로, 과거 황금광 시대부터 일확천금을 꿈꾸고 금맥을 좇는 사람들이 모여 들었던 것도 이러한 분위기 형성에 한몫했을 것이다. 그들은 당시 워싱턴의 정치, 전쟁, 기업이 주도하는 자본주의, 그것을 지지하는 합리적인 과학기술들이 지니는 가치관에 대해 저항했다. 그들은 무정부주의나 병역 거부, 돈에 의지하지 않는 공동체 생활, 경제를 우선함으로써 빚어지는 환경 파괴에 대한 반대, 성 해방 같은 것들을 시스템의 억압으로부터 개인을 해방하는 대의로서 제기했다. 또한 개인의 내면 탐구나 그 가능성의 확대를 목표로 동양 사상에 심취하는가 하면, 환각제나 대마 등의 약물을 빈번히 사용했다. 히피라고 불린 그들은 당시 주류 사회가 가지고 있던 가치관을 크게 흔들었다.

그러는 가운데 정부나 대기업의 군사행동이나 인간의 과학적인 관리에 이용되는 IBM의 대형 컴퓨터는 공격의 대상이 되었다. 조지 오웰의 《1984》에 등장하는 '빅브라더'가 세계를 지배하는 도구쯤으로 간주되었다.

이런 대항문화의 교차점 중 하나가 《더 홀 어스 카탈로그The Whole Earth Catalog》라는 잡지였다. 앞에서 민스키를 인터뷰했던 스튜어트 브랜드*가 편집하여 1968년부터 발행한 이 잡지는 히피나 공동체라는 대항문화적인 라이프 스타일을 정부나 대기업에 의지하지 않고 실천하는 방법론에 대하여 소개했다. 특징적인 점은 라이프 스타일을 소개하는 내용과 나란히 해커문화와 같은 컴퓨터 문화에 대해서도 긍정적으로 다뤘다는 것이다. 똑같은 컴퓨터일지라도 대형 컴퓨터처럼 억압의 도구가 아닌 개인의 저항을 위한 도구라는 시점을 제시했다.

엥겔바트의 '인간의 지능을 강화하는 컴퓨터'라는 아이디어는 이런 시대적 흐름 속에서 컴퓨터를 보는 시점을 180도 바꿔 놓았던 것이다. 두 개의 흐름은 융합되어 간다. 아크에서 활동하던 엥겔바트도 브랜드를 알게 되면서 히피처럼 일탈한 적이 있다. 그 결과 '오줌을 뿌리면 회전하는 장난감'을 떠올렸을 뿐으로, 엄청난 능력 강화는 얻지 못했다!

---

*스튜어트 브랜드(Stewart Brand) 미국 서해안 대항문화의 리더. 잡지 《더 홀 어스 카탈로그》와 사이버 공간 'WELL'을 운영.

인공지능, 아직 쓰지 않은 이야기

복사기 회사가
놓친 대발명
계산기에서 미디어로

엥겔바트와 브랜드의 만남은 오줌으로 움직이는 장난감보다 더 큰 결실을 가져왔다. 《더 홀 어스 카탈로그》가 처음 간행된 1968년, 엥겔바트의 연구 성과가 최초로 일반에 입증되었다. 브랜드는 그 실증의 연출을 담당했다.

12월 샌프란시스코 시민회관의 거대한 프로젝터 스크린 앞에 선 엥겔바트를 좌석을 가득 메운 청중이 마른침을 삼키며 지켜보고 있다. 엥겔바트는 이야기를 시작한다.

"오늘 내가 여러분에게 전하고 싶은 것은 만일 우리나라의 사무원들에게 늘 연결되어 즉시 응답하는 컴퓨터 화면이 있다면 거기서 얼마만큼의 가치가 생겨날까 하는 것입니다."

스크린은 엥겔바트의 조작으로 새하얀 종이로 바뀐다. 엥겔바트는 키워드를 사용하여 명령을 입력하고, 문장을 입력하거나 마우스와 5개의 건반형 키를 사용하여 텍스트를 화상과 조합하여 편집하는 모습을 선보인다. 나아가서 문서와 문서를 연결시켜 관리하거나 네트워크를 통한 공동 작업의 모습까지 보여 준다. 그때마다 청중으로부터 탄식이 터져 나온다.

"오늘 보신 것은 우리 자신을 똑똑하게 하기 위한 시작품인 동시에, 이후 이런 시스템을 만드는 사람들을 위한 지침이기도 합니다."

엥겔바트가 이야기를 마치자 청중들은 일제히 일어나 박수를 치기 시작하고, 갈채는 끝날 줄 몰랐다. 계산기였던 컴퓨터는 문장이나 화상 등의 정보를 우리에게 자연스러운 형태로 표현하고, 게다가 그것을 자신의 손으로 가공하고 네트워크를 통해서 공유하는 도구, 즉 미디어로 다시 태어났던 것이다.

이 시연을 지켜보던 청중 중에 당시 유타 대학의 대학원생이던 앨런 케이Alan Kay*라는 젊은이가 있었다. 유소년 시절의 케이는 머리가 좋았지만 공상하는 버릇이 있어 성적이 들쭉날쭉하고 학교에는 적응하지 못하는 아이였다. 앨런 튜링과 어딘가 비슷하다. 그러나 공군 병사로 있던 중 컴퓨터 프로그래밍 재능을 발견한다. 대학원에서 케이는 책상에서 사용하는 소형 컴퓨터의 개발에 힘쓰고, 엥겔바트의 시연을 보면서 컴퓨터에 대한 분명한 이미지를 갖게 된다. 퍼스널 컴퓨터라는 말은 케이가 만들었다.

케이는 또한 이 시기에 MIT의 인공지능 프로젝트에 민스키의 후임 책임자로 있던 시모어 페퍼트Seymour Papert와 교류한다. 페퍼트는 컴퓨터 과학자였지만, 세계 최초로 아동용 컴퓨터 언어(LOGO)를 개발해 아동심리학 연구에 영향을 미치기도 했다.

LOGO를 사용하면 자연스러운 말로 화면 안의 커서를 움직여 컴퓨터에게 그림을 그리게 할 수 있다. LOGO가 만들어진 배경에는 아이의 발달에 상상을 동반한 놀이가 중요한 역할을 한다는 생각이 있었다. 우리는 장난감이나 이야기를 통해서 세계가 어떤 식으로 이뤄져 있는지를 자신의 머릿속에서 시뮬레이션한다. LOGO가 보여준 것은 컴퓨터가 단순한 계산기가 아닌, 그런 배움을 지원하는 미디어가 될 수 있다는 것이다.

케이는 이 같은 생각을 가지고 자신이 구상한 것에 생동감 넘치는 미디어로서의 미래 책, 생략하여 다이나북dynabook이라고 이름을 붙였다. 다이나북은 이제까지의 컴퓨터보다 훨씬 작은 A4 정도의 크기라야 한다고 그는 말했다. 그때 케이는 15세기에 최초의 소형 성서를 인쇄한 알두스 마누티우스Aldus Pius Manutius의 말을 염두에 두었다. 마누티우스는 '책의 바람직한 크기란, 말의 안장 안에 들어가는 것'이라고 말했다. 알두스의 소형 성서 덕분에 성직자가 아닌 보통 사람도 비로소 성서를 손에 들 수 있었고, 그 가르침은 독점적인 것이 아니게 되었다. 케이는 다이나북을 통한 현대의 르네상스를 꿈꾸고 있었던 것이다.

케이는 그 후 제록스의 팰로앨토연구소로 옮겨, 다이나북의 잠정판 시스템을 만든다. 그 시스템은 컴퓨터 안에 가상의 책상 환경(데스크톱)이 표현되어 있었다. 데스크톱에는 복수의 문서를 표시하는 창, 윈도우가 표시된다. 엥겔바트의 영향을 받아 이 데스크톱은 마우스와 키보드로 조작한다. 윈도우 안의 문장이나 화상을 마우스로 선택하고 이동하거나 메뉴를 표시하고 복사나 붙이기 등의 조작을 할 수 있었다. 이처럼 오늘날 컴퓨터의 원형이 잠정판 다이나북에서 거의 실현되었다. 케이는 그 성과를 독차지하지 않고 비교적 공공연히 공개했다.

어느 날, 기술자들을 데리고 날카로운 눈빛의 기업가가 케이의 시연을 보러 온다. 그 기업가는 스티브 잡스Steve Jobs**였다. 애플 컴퓨터의 기술자들은 펼쳐지는 시연을 빨려 들 듯이 바라봤다. 시연이 끝났을 때, 잡스는 말했다.

"이 회사는 왜 이것을 판매하지 않는가!? 무슨 일인지 모르겠다!"

그 후 제록스의 경영진은 결국 컴퓨터의 가치를 이해하지 못하고 제품으로 만들지 못했다. 실제로 당시 퍼스널 컴퓨터의 가치는 널리 인정받지 못했다. 실망한 케이는 게임회사인 아타리나 애플,

또는 디즈니에서 그 꿈이 실현되도록 힘쓴다.

엥겔바트가 퍼스널 컴퓨터라는 아이디어를 제시했다면, 그 아이디어에 구체적인 형태를 입힌 것은 케이라고 말할 수 있다. 케이는 퍼스널 컴퓨터라는 과실의 씨앗을 뿌렸다. 그 과실을 키워 널리 퍼뜨린 것은 이미 아는 바와 같이, 스티브 잡스와 애플이다.

---

*앨런 케이(Alan Kay) 엥겔바트의 영향을 받아 제록스 팰로앨토연구소(PARC)에서 훗날 매킨토시나 윈도우의 원형이 된 '다이나북'을 구상하고 개발한다.
**스티브 잡스(Steve Jobs) 애플을 창업하고 매킨토시, 아이팟, 아이패드, 아이폰 등의 제품을 개발한다.

수확기를 맞이한 과실, 애플

퍼스널 컴퓨터에 대한 스티브 잡스의 공헌은 이미 말했지만, 독자 여러분도 어떤 형태로든 그의 인생에 접한 적이 있을 것이다. 그는 금단의 과실인 컴퓨터를 대항문화라는 시대의 물결 속에서 성장시킨 최대 인물이었다.

여기서는 그 이야기를 그가 걸어 온 인생 속 대항문화라는 맥락에서 살펴보고자 한다. 여기서 중요한 역할을 맡았던 것이 앞에서 엥겔바트의 시연을 도운 스튜어트 브랜드였다. 브랜드는 히피라면 연상되는 자포자기 캐릭터가 아니라 서해안의 기술 명문으로, 매카시가 인공지능을 연구했던 스탠퍼드 대학 출신이었다. 그러나 히피

문화의 경험이 그에게 새로운 세계를 열어 주었고, 대항문화의 전도사가 되었다. 그가 1968년에 창간한 《더 홀 어스 카탈로그》는 대항문화를 소개했지만, 단순히 반反문명·반反기술을 주장한 것이 아니라 기술에 의한 개인 강화라는 새로운 생각을 소개한다.

스티브 잡스는 2005년 스탠퍼드 대학의 강연에서 《더 홀 어스 카탈로그》 최종호의 뒤표지에 쓰인 'Stay hungry, stay foolish(늘 갈망하고 우직하게 나아가라)'라는 말을 소개하며 강한 영향을 받았다고 밝혔다. 《더 홀 어스 카탈로그》의 주장은 그대로 잡스의 퍼스널 컴퓨터에 대한 아이디어가 되었다.

결국, 잡스는 퍼스널 컴퓨터를 개인을 강화하고 체제에 맞서기 위한 도구로서 파악했던 것이다. 따라서 엥겔바트의 아이디어에 영향을 받은 케이의 퍼스널 컴퓨터, 다이나북에 강하게 공감했다. 또한 《더 홀 어스 카탈로그》는 편집이나 인쇄도 DIY로 했는데, 나중에 잡스가 매킨토시를 발매한 뒤 최초로 널리 이용하게 되었던 것이 DTP(탁상출판)로, 맥을 사용하여 누구나 인쇄물이나 출판물을 만들 수 있었다. 더욱이 훗날 아이폰이 발매되었을 때, 바탕화면의 초기 설정은 《더 홀 어스 카탈로그》의 표지와 같은 푸른 지구였다. 《더 홀 어스 카탈로그》처럼 사람들에게 정보를 발신하기 위한 강력한 도구라는 메시지를 담으려고 했을 것이다.

애플. 이 책에서 이 회사의 이름은 매우 상징적이다. 그것은 지혜의 열매, 그 자체다. 또한 애플의 로고인 사과는 조금 베어 먹혀 있다. 이것이 의미하는 것은 '베어 먹다＝bite'로 비트의 복수형인 바이트를 결부했다는 설도 있지만, 실은 튜링의 죽음을 모티프로 했다는 설도 있다. 여하튼 컴퓨터를 세상에 널리 퍼뜨린 것은 애플이라는 이름의 회사였다.

최초로 발매한 애플Ⅰ은 그럭저럭 팔렸다. 그리고 이어서 애플Ⅱ로 큰 성공을 거두었다. 하지만 그 앞길에 먹구름이 자욱하게 낀다. IBM이 애플Ⅱ의 성공을 목격하고 컴퓨터 사업에 참가하기로 한 것이다. 애플Ⅱ의 판매는 급속히 떨어졌고 애플은 혁신적인 신제품을 내놓지 않으면 안 되었다. 잡스가 다이나북의 시연을 본 것은 그런 와중이었다.

전혀 새로운 컴퓨터의 개발은 난항을 거듭했지만, 우여곡절을 거쳐 1984년 1월, 미국 최대 스포츠 행사인 '슈퍼볼'이 중계되는 가운데 애플의 TV CF가 흘러나온다. 〈에어리언〉을 감독한 리들리 스콧Ridley Scott이 제작한 그 CF의 첫머리에는 공허한 눈빛의 군중을 큰 스크린에 비친 독재자가 위압한다(이것은 IBM을 빗댄 것이다). 거기에 탱크톱 차림의 건강한 여성이 경비를 뚫고 돌진하여 손에 든 해머를 힘차게 던져서 독재자를 비추고 있는 스크린을 박살낸다. 그리고 내레이션.

"1984년 1월 24일, 애플은 매킨토시를 공개합니다. 그리고 당신은 왜 1984년이 1984(조지 오웰의 소설)가 되지 않는지 알게 될 것입니다."

매킨토시가 발매되었을 때의 캐치프레이즈는 'For the rest of us'. 전문가도 아니고 큰 자본도 없는 평범한 개인이 자신을 표현하고 세상을 바꾸기 위한 도구. 그 배경에는 개인의 힘을 강화해 억압과 싸운다는 대항문화의 정신이 숨 쉬고 있다.

반역의 상징에서
일상의 파트너로

튜링이나 노이만이 그린 인공지능이라는 꿈. 그 꿈은 후세 연구자들로 이어져 갔지만, 이 시대에 그것은 실현되지 않았다. 마음을 가진 기계를 만든다는 것은 신의 영역으로 들어서는 무모한 도전이었을지도 모른다. 그 결과, 대다수 연구자들이 그 한계를 스스로 고백하고, 인공지능 연구는 대홍수에 휩쓸려 한차례 괴멸 상황을 맞이한다.

그러나 그 과정에서 엥겔바트라는 '올바른 노아'에 의해 인간의 지능을 강화하는 컴퓨터라는 희망이 태어났다. 엥겔바트는 아크라는 방주를 만들고, 퍼스널 컴퓨터와 웹의 기본적인 개념을 거의 혼자만의 힘으로 만들어 냈다.

사람처럼 마음을 가진 인공지능이라는 아이디어와는 반대로, 엥겔바트는 컴퓨터가 사람과 공생하고 사람을 보다 똑똑하게 만들 것이라 생각했다. 그리고 엥겔바트의 생각은 옳았다. 엥겔바트 자신이 예견하였듯이 그 이후 무어의 법칙에 따라 컴퓨터는 보다 작아지고 고성능이면서 저가가 되어 갔다. 그 진화가 훗날 꽃을 피워 퍼스널 컴퓨터나 오늘날 스마트폰, 나아가서는 이후의 사물인터넷이나 인공지능과 같은 발전을 가져왔다.

사실 엥겔바트 자신도 퍼스널 컴퓨터라는 결실을 손에 넣을 수 없었다. 베트남 전쟁으로 인한 군사 지출의 증가에 비난이 쏟아지면서 전반적인 예산의 재편성이 이뤄진다. 그 충격으로 오랜 시간에 걸쳐 이뤄졌던 아크에 대한 예산 지원이 끊긴다. 엥겔바트는 혼자 힘으로 어떻게든 연구를 지속하려고 하지만, 시대는 이미 그를 포기했다.

엥겔바트가 이끌어 낸 퍼스널 컴퓨터라는 씨앗을, 케이가 있던 PARC와 같은 연구소나 실리콘밸리에서 부흥한 애플이나 마이크로소프트 같은 컴퓨터 기업이 성장시켰다. 거기에는 베트남 전쟁으로 대표되는 냉전 아래 정부나 대기업에 의한 억압을 거부하고 개인의 힘을 강화한다는 대항문화의 사상이 있었다.

연구자들이 심어 놓은 지혜의 열매 씨앗이 퍼스널 컴퓨터라는 결실을 맺는 시기를 맞이했다. 그 결과, 인터넷이나 스마트폰처럼 우리의 생활에 컴퓨터는 없어서는 안 되는 파트너가 되었다.

3장. Tower of Babel

인터넷,
클라우드 위
지구의 신경망

구름까지 닿는 바벨탑

홀로그램을 끄자 주위는 완연히 어두워져 있었다. 후우, 역사 공부는 흥미롭지만 피곤하다. 오늘은 이 정도로 하자. 그렇다고 해도 성능이 배의 배로 높아져 순식간에 몇 만 배로 변한다는 무어의 법칙은 놀랍다. 절대로 복리의 빚은 지지 말아야 한다고 생각했다.

"마리, 오랜만이야! 바빴지, 괜찮아?"

"미안, 오랜만에 집중해서 공부했어. 아무래도 졸업논문을 준비해야 하니까. 에바는 잘 지내?"

"잘 지내. 들어 봐, 나, 일본의 이탈리아 대사관에 취직됐어. 그래서 마리에게 알리려고."

"오, 그거 멋지네, 축하해!"

에바는 나와 동갑이다. 로마의 대학에서 일본-이탈리아 관련 역사를 공부하고, 내가 있는 연구소에서 단기 유학했다(이래 봬도 나카지마 교수는 그쪽 분야의 권위자다). 에바는 나보다 성실하여 유학이 끝날 무렵 나카지마 교수는 에바가 남고 내가 로마로 가면 좋겠다는 말도 했었다. 그래도 우리는 이상하게 의기투합하여 친해졌다.

"응, 지금은 남자 친구 없어. 그런데 최근 친해진 리쿠라는 아이가 있어. 좀 허당이기는 하지만."

우리는 잠시 아무래도 좋은 이야기로 꽃을 피우고 전화를 끊었다. 에바의 높고 혀 꼬부라진 목소리가 여운으로 남는다. 아니, 사실을 말하면 그것은 에바의 진짜 목소리가 아니다. 피트가 실시간 동시통역으로 에바의 목소리답게 합성한 것이다. 저편에서는 나의 이탈리아어가 술술 들릴 것이다. 너무나도 자연스러워서 동시통역이라는 것도 잊고 만다. 이런 서비스는 인터넷 너머의 클라우드 컴퓨터에서 실현되고 있다고 들었다. '클라우드'는 '구름'이다. 컴퓨터를 부르는 말로는 이상한 별명이다.

"지금은 마치 바벨탑 이전의 세계야."

다음 날 나는 예배당을 찾았다. 일본에 온 지 20년이 되는 신부님이 A.I.D에 의지하지 않고도 유창한 일본어로 말한다.

"바벨탑이란, 신이 계신 구름 위까지 닿는 탑을 지으려고 했다가 신이 노해서 부수었다는 탑인가요?"

"사실 성서에는 하느님이 탑을 부수었다는 식으로 쓰여 있지 않아. 하늘 세계까지 닿는 탑을 만들려고 한 계획이 하느님의 신경에 거슬렸던 것은 분명해. 그러나 하느님은 사람들이 하나의 같은 말을 사용하고 있기 때문에 그런 일을 하는 것이라고 생각하셨지. 그래서 사람들의 말을 뒤섞어 서로가 이해하지 못하게 하셨어. 그 결과, 사람들은 각 지역으로 뿔뿔이 흩어지고 각각 다른 말을 사용하게 되었다고 해."

온 세상 사람들이 하나의 말로 연결되고 구름 위의 세계를 향하던 시대. 그것은 마치 인터넷을 통해 전 세계가 클라우드와 연결되는 지금의 세상과 같지 않은가.

신부님과 헤어진 뒤, 나는 다시 피트에게 질문한다.

"그러고 보면 내가 옛날에 인터넷을 너무 많이 했을 때 아빠가 자기 어릴 적에는 인터넷 같은 것은 없었다면서 화낸 적이 있어. 인터넷도 A.I.D처럼 최근에 생긴 거야?"

"오늘날 인터넷의 원형이 만들어진 것은 1960년대야."

"1960년대? 아빠는커녕 할아버지가 어릴 때잖아?"

"그래, 온 세상이 연결되는 인터넷을 만드는 일은 바벨탑을 쌓는 것만큼 어려운 일이었어. 그래서 모두가 통하는 '하나의 말'을 만들지 않으면 안 되었던 거야."

나는 창밖의 하늘을 바라봤다. 구름을 가르며 운송용 드론이 이리저리 오가고 있다. 구름까지 닿는 바벨탑은 대체 어떻게 만들 수 있었던 것일까?

인터넷으로
하나가 되는 세계

1980년대 중반 매킨토시나 IBM의 PC가 발매된 것과 때를 같이하여 냉전 아래의 세계는 크게 요동치고 있었다. 미하일 고르바초프가 소련 공산당 서기장에 취임했던 것이다. 개혁을 의미하는 페레스트로이카 정책과 신사고 외교로 인해 공산주의와 자본주의 진영 간의 긴장은 단숨에 완화로 돌아섰다. 1989년에는 고르바초프 서기장과 당시 미국 대통령 조지 부시(아버지)가 직접 만난 회담에서 냉전의 종결을 선언했다. 이 해에 베를린을 동서로 나누고 있던 베를린 장벽이 해체된다. 이어서 냉전을 끝낸 미국이 경제와 문화에서 세계를 이끄는 글로벌리즘 시대가 찾아왔다.

본디 자본주의에 대한 저항의 기수였던 히피들에 의해 만들어진 퍼스널 컴퓨터였지만, 비즈니스에서 승자가 된 것은 결국 IBM의 PC였다. 그러나 IBM 이상의 성공을 거둔 것이 PC에 OS(운영체제)를 제공하는 마이크로소프트였다.

마이크로소프트의 창업자 빌 게이츠Bill Gates*는 동부의 명문 하버드 대학 출신으로, 개발자의 노력으로 개발된 소프트웨어는 그것에 어울리는 대가를 얻어야 한다고 주장한, 히피라기보다는 자본가였다. 마이크로소프트는 OS를 자사에서 독점하여 세계 퍼스널 컴퓨터의 90퍼센트 이상 시장점유율을 차지하며 압도적인 영향력을 가지게 된다. 빌 게이츠는 세계 제일의 부호가 되었다. 컴퓨터는 글로벌리즘 아래서 자본주의의 선봉이 되어 간다.

한편에서는 바네바 부시나 엥겔바트의 영향을 받은, 퍼스널 컴퓨터와는 다른 큰 물결이 밀려온다. 그것은 인터넷과 웹이었다. 바벨탑 전설의 무대인, 고대 메소포타미아 문명을 꽃피운 도시 바빌론처럼 인터넷에서 전 세계인이 하나의 말로 연결되었다. 게다가 웹이라는 온라인 사이버 공간이 만들어졌다.

웹에서 처음에는 정보 검색이나 커뮤니케이션이 행해졌고, 그 뒤에는 마이크로소프트의 오피스 같은 어플리케이션까지 움직이는 클라우드 컴퓨팅이 등장한다. 클라우드는 구글이 움직이는, 마치 바벨탑처럼 거대한 사이버 컴퓨터이다. 지구의 신경망처럼 엮인 인터넷과 웹상에서 클라우드 컴퓨팅은 마치 구름 위 세계에서 모두 것을 인식하는, 신과 같은 지능을 가진 '지구의 뇌'를 지향해 간다.

---

*빌 게이츠(Bill Gates) 마이크로소프트를 창업하고 최대 시장점유율을 자랑하는 퍼스널 컴퓨터 OS '윈도우' 및 '오피스' 등의 제품을 개발한다. 최근에는 자선활동에 주력한다.

인터넷의
씨앗을 뿌린 건
뇌 과학자

인터넷은 오늘날 우리가 생활이나 업무 중에 정보를 얻거나 다른 사람과 커뮤니케이션하기 위해서는 없어서는 안 되는 인프라다. 독자 여러분도 인터넷을 사용하지 않는 날이 거의 없을 것이다. 구글이나 SNS가 없는 생활을 상상할 수도 없을 것이다.

　그러나 인터넷이 민간에 개방된 것은 1992년으로, 이 책의 집필 시점에서 25년도 채 되지 않은 일이다. 불과 한 세대 동안 전 세계에 이만큼이나 보급된 인프라나 서비스는 달리 그 예를 찾을 수 없다. 1991년은 소련이 붕괴한 해이기도 하다. 인터넷은 글로벌리즘과 궤도를 같이하여 보급되고 세계를 하나로 연결하는 역할을 맡아 왔다.

그렇다면 이런 세계 규모의 인터넷은 누가 만들고, 누가 관리하고 있는 것일까? 사실 인터넷을 관리하는 유일한 조직이나 사람은 없다. 인터넷에 관한 표준을 만드는 조직은 있지만, 논의에는 누구나 참가할 수 있다. 그 표준을 장착하고 실제로 운용하는 것은 다양한 기업이나 단체, 개인이 각각 자유로이 행하고 있다. 웹도 역시 누구의 허가도 받지 않고 누구나 기기나 서비스를 개발하고 연결할 수 있다.

인터넷이나 웹처럼 사회에 큰 영향을 미치는 시스템이 이처럼 열린 시스템으로 관리되고 있는 것에는 놀라움을 느낀다. 어떻게 이토록 열린 시스템이 만들어질 수 있었는지 그 역사를 살펴보고 싶다.

또? 라고 생각할지 모르지만, 여기서도 이야기는 역시 ARPA(미국방부 고등연구계획국)로 돌아간다. 게다가 엥겔바트를 지원한 조지프 리클라이더에까지 이야기는 거슬러 오른다. 리클라이더는 원래 심리학자로 1950년 후반에는 뇌가 소리를 처리하는 복잡한 시스템을 이해하기 위한 수학적인 모델의 구축에 힘쓰고 있었다. 그러나 그 모델화를 위해서는 방대한 데이터의 처리와 계산이 필요했다.

1957년경 그는 자신이 의미 있는 생각을 하는 시간보다, 정보를 발견하고 정리하거나 계산하는 데 쓰는 시간이 길다는 사실을 깨닫는다. 마침 그 무렵 엥겔바트가 그랬던 것처럼 리클라이더도 부시의 메멕스 논문을 만났다. 리클라이더는 그 영향을 받아 정보의 검색이나 정리라는 기계적인 일을 대신해 줄, 네트워크로 연결된 대화식

conversational(사용자와 컴퓨터가 단계별로 서로 정보를 교환할 수 있는 처리 형태. interactive와 같은 의미로 사용되는 경우가 많다) 컴퓨터의 개발을 목표로 하게 된다. 그는 이것을 가리켜 훗날 '대화식 컴퓨팅에 대한 종교적인 자각'이라고 말했다.

리클라이더는 인공지능의 가능성을 인정하고 그에 대한 연구를 적극적으로 지원했다. 단지 인공지능이 가까운 미래에 실현될 것이라고 믿는 연구자들과는 달리, 그 본격적인 실현은 먼 미래이고, 그곳에 이르기까지의 긴 기간 동안 인간과 컴퓨터가 공생해야 하기에 그들 사이의 관계를 어떻게 만들어 갈 것인지가 중요하다고 생각했다.

1957년의 스푸트니크 쇼크로 미 국방부는 과학기술 개발을 더욱 가속하기 위해 ARPA를 설립한다. 1962년에 리클라이더가 ARPA의 정보처리 기술부의 부장으로 임명된다. 그는 컴퓨터나 인공지능에 관한 여러 연구자에게 자금을 지원하는 식으로 원조한다.

그중에는 매카시와 민스키의 인공지능 프로젝트, 그리고 엥겔바트의 아크가 있었다. 미합중국이 생겼을 무렵, 동해안에서 시작해 중서부가 개척되는 가운데 성서와 사과(!) 씨를 가지고 사과를 심으면서 기독교의 가르침을 설파하며 다니던 조니 애플시드Johnny Appleseed라는 실존 인물이 있다. 리클라이더는 이 전설적인 인물에 빗대어 '컴퓨터의 조니 애플시드'라고 불리고 있다.

세계에 팩스가
한 대밖에 없다면
메트칼프의 법칙

1963년 리클라이더는 인간과 컴퓨터의 공생을 실현하는 데 적합한 아이디어 하나를 ARPA의 스태프에게 보낸다. 그가 지원한 연구기관에서 개발한 초기의 컴퓨터를 네트워크에서 연결하여 서로 협조하게 하는 '은하 간 네트워크'라는 것이다. 이것이 오늘날 인터넷에 대한 최초의 아이디어라고 생각할 수 있다.

리클라이더는 이 구상에 근거하여 전미 4대 대학의 컴퓨터와 접속했다. 여기서 큰 문제가 분명히 드러났다. 각각의 컴퓨터끼리 통신할 때에는 각각의 회선이나 통신 수순을 이용하지 않으면, 즉 각각의 네트워크를 이용하지 않으면 안 된다는 점이었다. 그러면 다

인공지능, 아직 쓰지 않은 이야기

른 컴퓨터와 접속할 때마다 다른 네트워크를 이용하지 않으면 안 된다. 단 4대의 컴퓨터라도 이런 문제가 발생하기 때문에, 리클라이더가 구상한 것처럼 은하의 별 수만큼 많은 컴퓨터가 각각의 네트워크를 사용해야 한다면 엄청난 혼란이 일어날 것은 자명하다. 마치 신의 분노를 사고 혼란을 겪은 바벨탑의 말처럼 말이다.

리클라이더는 그 후 ARPA를 떠나는데, 후임 부장에 의해 은하 간 네트워크의 연구가 진행된다. 그 가운데 위의 문제를 해결하기 위해 많은 네트워크 간의 네트워크, 즉 인터넷을 실현할 필요가 있었다.

그 길을 연 것이 영국의 도널드 데이비스Donald Davies*라는 연구자다. 데이비스는 위의 문제를 해결하기 위해 지금의 인터넷에서도 이용되고 있는 패킷 교환이라는 방식을 생각해 냈다. 각각의 컴퓨터를 직접 접속한다는 것은 말하자면 실 전화의 '실'을 말하는 상대의 수만큼 가지는 것이다. 한편 패킷 교환이라는 것은 포켓이라는 작은 단위로 나뉜다. 패킷에는 보낼 곳을 적은 꼬리표가 달려 있어 보내는 사람은 수신지와 가까운 컴퓨터에 패킷을 보낸다. 그것을 받은 컴퓨터는 수신지에 보다 가까운 다른 컴퓨터로 패킷을 재전송한다. 이 같은 양동이 릴레이를 반복함으로써 모든 컴퓨터가 직접 연결되지 않아도 언젠가는 보내고 싶은 상대에게 내용을 보낼 수 있게 되었다.

그 결과, 재미있는 일이 일어난다. 우리가 세계의 어딘가와 통신하는 동안에 전 세계의 여러 기업이나 기관이 운용하는 회선이나 중계기를 자신도 모르는 사이에 사용하게 된다. 각각의 네트워크는 어디의 누군가가 어떤 내용을 통신하는지에 대하여 가능한 한 관여하지 않도록 한다. 그러므로 누가 새로운 기기나 어플리케이션을 만들었다고 해도, 곧장 인터넷을 사용하여 전 세계와 연결할 수 있다. 이런 특징을 말단(엔드)끼리의 통신에 네트워크가 관여하지 않는다는 의미에서 '엔드 투 엔드 원리End-to-End Principle'라고 말한다.

인터넷의 원형이 된 ARPANET는 1969년 12월에 미국 내 4개 지점을 연결하면서 시작됐다. 그 이후 15년 동안에 접속된 컴퓨터는 1,000대가 되었다. 소련이 붕괴한 직후인 1992년, 인터넷의 이용이 민간에 개방되었다. 일본에서도 무라이 준村井純이 1984년 일본 내에서 패킷 교환 방식을 이용한 대학 간 네트워크를 만들고, 1989년에는 미국의 인터넷과 접속한다. 이처럼 인터넷이 커질수록 그 성장 속도는 가속화되어 간다.

그 이유에 대하여 자세히 설명한 인물이 있다. 인터넷의 통신 규격은 스탠퍼드 대학이 중심이 되어 개발해 왔지만, 케이가 있던 제록스의 PARC(팰로앨토연구소)도 크게 공헌했다. PARC에서도 로버트 메트칼프Robert Metcalfe**라는 사람이 오늘날에도 이용되는 네트워크의 규격인 이더넷Ethernet를 개발했다. 메트칼프는 1995년에 네트워크의 가치는 이용자가 증가할수록 지수 함수적으로 증가한다는 법칙을 제창한다.

이것은 어떤 의미일까? 예컨대 팩스의 네트워크를 생각해 보자. 세상에 팩스가 1대밖에 없다면 그 네트워크의 가치는 얼마일까? 맞다, 제로다. 그렇다면 2대라면? 통신할 수 있는 상대는 1대 1이기에 가치는 1이라고 말할 수 있다. 그렇다면 3대라면? 3개의 연결방식이 생긴다. 이것이 100대로 부쩍 증가한다면…… 돌연 4,545가지의 연결방식이 생기게 된다!

이처럼 네트워크에 연결된 이용자가 증가할수록 각각의 사이에 만들어지는 연결의 가짓수는 이용자 수에 단순 비례하는 것이 아니라 그 수의 2승으로 비례한다. 그 때문에 이용자가 증가하면 증가할수록 만들 수 있는 연결, 결국 네트워크의 가치는 폭발적으로 증가하게 된다.

이 메트칼프의 법칙은 인터넷, 웹, SNS 등 이용자와 이용자를 연결하는 것으로 성장하는 모든 네트워크에 적용되어 무어의 법칙과 나란히 IT를 진화시키는 최대 원동력 중 하나로 꼽힌다.

2015년 현재 인터넷에는 10억 대가 넘는 PC를 비롯하여 스마트폰, 다양한 종류의 컴퓨터가 접속되어 있고, 거기에 더해 여러 가지 어플리케이션이 움직인다. 그중에는 다음에 설명하는 웹도 포함된다.

이처럼 바벨탑의 혼란을 피하고 하나의 말로 모두를 연결할 수 있는 인터넷을 실현시킨 배경에는 컴퓨터의 조니 애플시드, 리클라이더가 뿌린 인간과 컴퓨터의 공생이라는 아이디어가 있었다. 그는 본래 뇌에 대하여 연구하고 있었는데, 결국 이 행성의 신경망을 만드는 계기를 마련했던 것이다.

---

*도널드 데이비스(Donald Davies) 영국의 네트워크 연구자. 인터넷의 통신 방식인 '패킷 교환 방식'을 제안한다.
**로버트 메트칼프(Robert Metcalfe) PARC(팰로앨토연구소)에서 활동했던 네트워크 연구자. 네트워크의 가치는 연결되어 있는 말단기의 수의 2승에 비례한다는 '메트칼프의 법칙'을 제안한다.

SF가 예언한
'사이버 공간'의 출현

리클라이더에 의해 인터넷이 만들어진 후, 오늘날 인터넷에서는 정보 검색, 쇼핑 등 각종 상거래, 개인 간 커뮤니케이션, 음악이나 영상 등의 엔터테인먼트, 교육 등 정보를 이용하는 온갖 활동이 이뤄지고 있다. 이 네트워크라는 거대한 물결을 가장 먼저 올라탄 것은 그에 너무도 어울리는 미국 서해안의 히피들이었다.

맥이 발표되고 일본의 인터넷 근간이 만들어진 1984년, 작가 윌리엄 깁슨William Ford Gibson*은 대표작이 된 SF 소설 《뉴로맨서》를 발표한다. 깁슨은 베트남 전쟁의 병역을 거부하고 캐나다로 도망쳐, 거기서 대항문화에 깊이 빠졌다. 이 작품 안에서 깁슨은 마치 약물을 복용하고 본 환각과 같은, 아뜩해지는 '사이버 공간'을 그렸다.

《뉴로맨서》의 무대는 일본의 치바 시로, 당시 일본이 IT 첨단의 이미지를 가지고 있었기 때문이다. 사이버 공간의 개념은 그 이후에 많은 크리에이터에게 자극을 주었고 일본에서는 시로 마사무네土郎 正宗가 《공각기동대》에서 사이버 공간의 경찰을 그리거나, 《뉴로맨서》에 그려진 사이버 공간의 이름과 세계관을 빌려 와 워쇼스키 자매(당시 형제)가 영화 〈매트릭스〉를 제작한다.

이들은 공통적으로, 사이버 공간 안에서 인공지능의 자아가 깨어나 신과 같은 능력을 가지는 것을 그린다. 이것은 히피들이 경험한 새로운 자의식의 각성에 영향을 받은 것일까? 깁슨이 어느 인터뷰에서 "미래는 이미 여기에 있다. 아직 널리 퍼지지 않았을 뿐이다"라고 말한 것을 기억하자.

《뉴로맨서》의 영향이 있었는지는 알 수 없지만, 다음 해인 1985년에는《더 홀 어스 카탈로그》의 스튜어트 브랜드가 세계 최초의 사이버 공간인 'WELL(더 홀 어스 카탈로그 링크)'을 공개한다.《더 홀 어스 카탈로그》의 콘셉트를 온라인에 그대로 적용한 WELL은 초기의 온라인 서비스에서 많이 볼 수 있는 BBS(온라인 게시판)의 형식을 취해 예술이나 비즈니스, 정치, 대항문화라는 토픽(인터넷의 토픽 그룹 Topic group. 게시판이나 뉴스 그룹 등을 통해 모여서 토론함)을 만들고 대화를 주고받을 수 있었다. 특히 성공적인 토픽으로서 브랜드의 활동을 계기로 등장한 히피의 카리스마, 그레이트풀 데드Grateful Dead라는 밴드의 팬클럽이 있었다. BBS의 운영에는 히피 공동체의 스태프가 관계하고 있었다.

브랜드는 전년도에 제1회 해커스 회의hackers conference를 개최하고 애플의 기술자를 중심으로 해커들이 모여서 여러 다양한 논의를 나누었다. 거기서 브랜드는 훗날 그의 가장 유명한 말이 되는 "정보는 프리(자유, 무료)가 되려 한다"는 말을 했다.

WELL에 앞서 1979~80년 무렵 BBS 초기의 사이버 공간이 계속 만들어졌다. 또한 대학생은 학교 시스템을 사용하여 전자메일이나 차트를 활용했다. WELL의 회원 수는 1993년 시점에서 8,000명 정도로, 지금의 웹이나 SNS를 생각하면 그리 큰 규모는 아니었다. 그러나 미국 서해안의 IT 업계에 몸담은 사람이나 저널리스트를 중심으로 사이버 공간이란 대항문화적인 열린 것이어야 한다는 이미지를 심어 주는 역할을 했다. 사이버 공간의 출현은 대항문화가 웹으로 대표되는 사이버 문화로 전환되는 중요한 변곡점이 되었다.

＊윌리엄 깁슨(William Ford Gibson) 미국, 캐나다에서 활동하는 SF 작가.《뉴로맨서》등의 작품에서 온라인을 무대로 한 사이버펑크 SF라는 장르를 창조한다.

웹이 거미줄이라는
오해

1991년 훗날 부대통령이 되는 앨 고어 상원의원이 제출한 어느 법안이 승인되었다. 그것은 미국의 대학이나 연구기관의 고성능 컴퓨터와 그것들을 엮는 고속 네트워크의 정비에 600만 달러를 지원한다는 내용이었다. 이 법안이 훗날 인터넷과 웹의 보급에 크게 공헌한다.

고어 의원은 이전부터 인터넷의 가능성을 알아차리고 '정보 슈퍼하이웨이'라는 구상을 밝혔다. 1992년에는 ARPANET의 뒤를 이은 당시 최대 네트워크를 학술적인 목적으로만 이용한다는 제한을 없애고 상업 네트워크의 접속을 허가했다. 이로써 인터넷이 널리 개인이나 민간 기업에 개방되었다.

같은 1990년대 초 이제까지와는 크게 다른 무대, 스위스에 있는 유럽원자핵공동연구소 CERN에서 팀 버너스 리Timothy John Berners-Lee*라는 영국인 기술자가 어느 시스템을 개발하는 데 힘을 쏟았다. CERN은 유럽 최대의 핵물리학 연구 거점으로, 전 세계에서 6,000명에 이르는 전문 연구자가 모여서 공동으로 연구하고 있다. 오늘날 과학은 매우 복잡하고 전문화하여 같은 분야의 연구자라도 조금만 세부 분야가 다르면 서로의 연구에게 대하여 모른다. 그래서 버너스 리는 연구소 내 연구 문서를 컴퓨터에 보존하고 참고할 수 있도록 하였다. 오늘날 세계 최대의 사이버 공간이 된 그 시스템에 지구 규모의 (신경)망, World Wide Web이라고 이름을 붙였다.

버너스 리의 양친은 컴퓨터 기술자로, 튜링이 부소장을 지냈던 맨체스터 대학 계산기연구소에 근무하며 영국 최초의 컴퓨터 개발에 관여했다. 그 컴퓨터가 발표될 당시, 미디어는 최초의 '전자두뇌'가 등장했다며 요란을 떨었다. 그때 튜링은 인터뷰에서 다음과 같은 예언적인 말을 남겼다.

"이것은 그저 미래의 예조로, 장차 그렇게 될 수 있다는 그림자다. 우리는 기계의 능력을 진정으로 알기 위해 어떤 경험을 쌓을 필요가 있다. 새로운 가능성에 도달하기 위해서는 몇 년이 걸릴지 모르지만, 인간의 지성을 필요로 하는 분야에 그것이 진출하여 인간과 대등하게 겨루게 된다고 해도 이상하지 않다."

버너스 리는 어린 시절에 아버지와 인간의 사고와 컴퓨터 구조의 차이를 말하며 인간의 사고는 비연속한 연상과 아이디어의 결부라는 특징이 있다는 이야기를 나누었고, 그것이 웹의 설계로까지 이어졌다고 회상한다. 웹은 대다수 경우에 거미줄처럼 그려지지만, 나는 '신경망'과 같은 망이라고 생각한다.

웹은 버너스 리가 어린 시절에 아버지와 이야기 나누었던 뇌 구조처럼, 중심이 없이 신경의 뉴런과 뉴런이 그때마다 결합하여 우발적인 연상을 낳는 구조를 지향했다. 그 때문에 웹을 설계하는 데는 다양한 생각들이 동원되었다. 특히 인터넷처럼 누구나 콘텐츠나 서버를 어느 누구의 허락도 받지 않고 거쳐 갈 수 있는 엔드 투 엔드 원리를 이용했다.

우선 웹 서버는 누구나 인터넷상에 자유로이 설치할 수 있다. 버너스 리는 자신이 개발한 서버 소프트웨어를 누구나 사용할 수 있도록 공개했다. 또한 여러 다양한 서버에 있는 웹페이지의 콘텐츠를 일원적으로 나타낼 수 있는 URI라는 시스템도 만들었다. 우리에게 익숙한 'http://'로 시작되는 것이다. URI를 이용하여 어느 서버의 웹페이지든 직접 지정하여 표시할 수 있다.

URI를 이용한 웹의 보다 특징적인 구조가 하이퍼링크다. 웹에서는 페이지 안의 문장이나 화상을 이용하여 다른 페이지의 콘텐츠로 옮겨 가는 링크를 붙일 수 있다. 이 링크의 설계에도 분산형 구조로 하기 위한 방법이 도입되었다. 버너스 리는 웹을 설계하면서 링크된 페이지에서는 자신이 링크된 것을 알 수 없는 일방적인 링크 구조로 만들었다. 그 때문에 링크한 사이트나 페이지가 없어졌는지 여부는 관리하지 않았다. 나아가 페이지 자체의 작성도 일반적인 텍스트 편집 소프트를 열어 작성하는 것보다는 훨씬 간단하고 이해하기 쉬운 구문 HTML이라는 서식으로 만들 수 있게 했다. 이처럼 웹의 아키텍처는 철저하게 뇌와 같은 분산형으로, 우발적인 연상을 낳는 구조라는 아이디어에 근거하여 설계되었다.

버너스 리도 나중에 CERN을 떠나 MIT나 일본의 게이오 대학을 거점으로 웹의 표준화 단체를 운영하게 된다. 이 단체에 초기에 최대 자금을 원조했던 것이 ARPA(이미 DARPA로 이름을 변경했지만)였다. 이들 활동을 통해 웹에 인터넷과 관련된 사람들의 관심이 급속히 집중되었다. 또한 웹 사이트를 열람하기 위한 브라우저를 여러 사람이 개발했다. 그리고 메트칼프의 법칙에 따라 웹의 가치는 지수 함수적으로 증가하여 다른 시스템을 압도했다.

웹을 눈여겨 본 사람 중에 일리노이 대학의 슈퍼컴퓨터센터에서 일하는 마크 안드레센Marc Lowell Andreessen**이라는 젊은이가 있었다. 이 센터는 앞에서 말한 고어의 법안에 의해 책정된 예산으로 설립되었다. 일반에게 공개되는 웹 시스템에 흥미를 느낀 안드레센은

1993년에 '모자이크'라는 웹용의 브라우저를 공개한다.

모자이크는 화상을 문서 안에 표시하는 기능을 처음으로 갖추었고, 또한 툴바나 링크의 클릭 등 마우스를 이용한 직관적인 조작을 도입했다. 이런 특징으로 모자이크는 큰 인기를 얻은 소프트웨어가 되었다. 연구자나 전문가가 아닌 평범한 PC 사용자가 비로소 인터넷이라는 미국 서부 개척지에 들어서기 시작한 것이다.

모자이크의 대히트에 힘입어 안드레센은 브라우저를 사업으로 하는 넷스케이프를 창업한다. 넷스케이프는 모자이크보다 모든 면에서 한층 세련된 브라우저를 개발하고 웹의 보급을 한층 부추긴다. 넷스케이프는 1995년에 주식을 공개했고 안드레센은 억만장자가 되었다. 첫 인터넷 부자가 탄생하고 웹의 황금기가 시작된 것이다.

넷스케이프의 등장에 위협을 느낀 마이크로소프트의 빌 게이츠 회장은 1995년에 '인터넷의 쓰나미'라는 제목의 사내용 메시지를 보내고, 자사의 모든 제품이 인터넷에 대응할 필요가 있음을 호소한다. 같은 해에 발매된 주력 상품인 PC용 OS의 최신판 윈도우 95에서 인터넷 접속 기능과 모자이크에 근거한 독자적인 브라우저를 처음부터 탑재하기로 결정했다. 이 윈도우 95를 계기로 인터넷과 웹이 PC에도 보급되어 간다. 아이러니하게도 그 결과 빌 게이츠가 우려한 대로 윈도우와 마이크로소프트의 존재감은 저하되어 간다.

이처럼 웹은 급속히 지구의 모든 장소로 퍼져 간다. 깁슨이 예언

인공지능, 아직 쓰지 않은 이야기

한 사이버 공간, 고어가 구상한 정보 슈퍼하이웨이 그리고 버너스 리가 웹이라는 이름에 담은 지구 규모의 신경망이라는 꿈은 실현을 향해 도약하고 있었다. 그것은 구름 위까지 닿는 바벨탑을 만들었다.

---

*팀 버너스 리(Timothy John Berners-Lee) 영국의 컴퓨터 개발자. 스위스에 있는 유럽원자핵공동연구소 CERN에서 월드 와이드 웹(WWW)을 개발했다. 그 표준을 관리하는 WWW 컨소시엄의 창설자이며 대표이다.
**마크 안드레센(Marc Lowell Andreessen) 미국 일리노이 대학의 슈퍼컴퓨터센터에 재직하던 중 웹브라우저 '모자이크'를 개발한다. 훗날 넷스케이프를 창업한다.

클라우드로
모든 것을 안다,
구글의 등장

넷스케이프나 윈도우 95의 등장으로 웹은 널리 이용된다. 1995년 시점에서 약 2만 개였던 웹사이트의 수는 2006년에 1억 개, 2014년에 10억 개로 급속한 성장을 이어 간다. 그런데 웹이 성장함에 따라 페이지 수도 엄청나게 증가하고, 차츰 사람의 힘으로 분류하고 정리하기가 어려워졌다. 그래서 인력이 아닌 컴퓨터가 자동으로 페이지를 정리하는 검색엔진이 필요하게 되었다.

검색엔진은 어떻게 이 막대한 페이지에서 정보를 검색할 수 있을까? 그 기본적인 구조로 크롤러라 불리는 프로그램을 사용하여 웹페이지에 차례로 접속한다. 일반적인 검색엔진에서는 키워드로

원하는 정보를 입력한다. 수집한 페이지에서 이 키워드에 가급적 적합한 페이지를 컴퓨터 안의 프로그램이 평가하여 내보낸다. 이 크롤러로 수집한 데이터의 양, 신선도와 페이지의 평가도가 검색엔진의 성능을 결정한다.

이런 검색엔진으로서 높은 인기를 모은 것이 스탠퍼드의 두 학생 래리 페이지Larry Page와 세르게이 브린Sergey Brin*이 개발한 검색엔진, 훗날 웹의 지배자가 되어 지구의 뇌를 만들어 가는 '구글'이었다.

구글은 어떻게 타의추종을 불허하는 압도적으로 똑똑한 검색엔진을 실현할 수 있었던 것일까? 페이지는 어릴 적부터 테크놀로지와 비즈니스에 강한 야심을 보였다. 페이지 스스로 어릴 적 인상 깊었던 기억으로 발명가 에디슨의 부하이면서 훗날 사업적 라이벌이 되는 니콜라 테슬라Nikola Tesla의 전기를 읽은 것을 꼽고 있다. 테슬라는 오늘날 널리 이용되는 교류전원의 발명자로, 전력사업은 소규모 회사로는 이끌어가기 어렵다고 판단하고 결국 미국의 대형 전기회사인 웨스팅하우스에 자신의 특허를 그리 크지 않은 금액으로 양도한다. 테슬라는 그 외에도 무선통신에서 획기적인 성과를 올렸다. 하지만 사업가로서는 큰 성공을 거두지 못하고 생애를 마쳤다.

페이지는 테슬라의 기술 개발력이나 교류전원으로 실현한 대규모 발전소(훗날 구글이 실현하는 정보의 발전소, 클라우드 컴퓨터를 연상시킨다)에 영향을 받았다. 한편, 페이지는 에디슨처럼 개발한 기술을 널리 보급시켜 사업가로서도 성공하고 싶다는 야심도 가졌다.

스탠퍼드 대학에서 두 사람은 테리 위노가드Terry Winograd라는 교수의 연구실에 소속되어 있었다. 위노가드는 2장에서 소개한 초기 인공지능 연구자 중 한 사람이다. 1968년부터 1970년까지 컴퓨터 속 가상세계의 나무 블록을 자연스러운 말로 조작해 이동하게 하는 시스템을 개발하고 그 이름을 널리 알린다. 그런데 그 연구를 진행하는 과정에서 위노가드는 오히려 인공지능에 한계를 느끼고 엥겔바트처럼 인간과 기계의 대화를 중시하는 입장으로 전향했다. 이처럼 지도교수가 인공지능과 대화식 컴퓨터의 두 가지 배경을 가졌던 점이 두 사람이 구글에서 검색엔진, 나아가 다양한 서비스를 만드는 데 영향을 미친다.

페이지와 브린은 스탠퍼드 대학의 박사 과정을 밟는다. 박사논문을 쓰기 위해 두 사람이 공동으로 선택한 주제는 웹페이지의 랭킹을 만드는 것이었다. 두 사람은 다양한 정보를 이해하기 위해서는 데이터를 이용해 결과를 분석하는 것이 가장 좋다는 신념을 공유했다. 그리고 급속히 데이터의 양이 증가하고 있는 웹이 분석 대상으로 안성맞춤이라고 생각했다.

그래서 그들은 페이지에 랭킹을 매기기 위해, 어떤 페이지가 어느 페이지에 링크하는지 그 정보를 이용하기로 했다. 이 발상은 대학원의 논문 인용에서 나온 것이다. 연구자는 좋은 논문의 출간이

인공지능, 아직 쓰지 않은 이야기

주요 업적으로서 인정되는데, 그 논문의 가치는 다른 논문에 얼마나 자주 인용되는지에 따라 결정된다는 것에서 힌트를 얻었다. 웹의 하이퍼링크를 만들어 낸 부시와 버너스 리가 학술논문에 접속하기 위한 전자도서관을 만들려 했던 것을 떠올려 보자.

게다가 두 사람은 랭킹과 키워드를 조합함으로써 웹의 검색엔진이 만들어진다는 것을 깨달았다. 페이지와 브린이 구글의 원형이 된 검색엔진을 스탠퍼드 학내에서 공개하자 곧 평판을 불러 모았다. 그러나 그 검색엔진을 운용하는 것은 매우 어려워서 스탠퍼드에 있는 모든 컴퓨터의 처리 능력의 절반을 사용할 정도였다.

두 사람은 이 검색엔진의 상업적인 가능성을 가로막는 요인, 그 사업화에 막대한 비용이 든다는 것을 곧 알게 되었다. 인터넷의 초기 서버로 큰 성공을 거둔 스탠퍼드의 선배에 상담하러 갔을 때, 선배는 그 자리에서 10만 달러 수표를 건넸다. 그리고 두 사람은 추가 자금을 모아 회사를 창업한다.

두 사람은 창업 초기부터 단순히 검색엔진 사업만을 생각한 것은 아니었다. 기업의 사명으로 '전 세계의 정보를 정리하고 온 세상 사람들이 접속하여 사용할 수 있도록 할 것'을 꼽았다. 회사명인 구글google은 10의 100승이라는 터무니없는 숫자를 의미하는 'googol'이라는 말에서 유래한다. 그만큼 큰 규모의 데이터를 정리한다는 사명을 표현하고 있다.

두 사람에게 검색엔진은 그 입구에 지나지 않았다. 실제로 회사를 설립한 지 얼마 지나지 않았을 무렵 인터뷰에서 두 사람은 '구글은 똑똑하기만 한 것이 아니라 세상의 모든 것을 이해하는 인공지능이 되어야 한다', '구글이 인간처럼 똑똑해지길 바란다'고 밝혔다. 또한 2004년에는 구글의 미래상을 '인간의 뇌 일부가 되는 것'이라고 말한다.

앞에서 말했듯이 구글의 검색엔진은 곧 최고의 인기를 얻었다. 타사가 고안한 검색 연동형 광고를 도입함으로써 얼마만큼의 큰 수입도 올린다. 그 수익을 사용하여 구글은 취급하는 데이터의 종류를 점차 확대해 간다. 2003년 구글북의 공개, 2006년 유튜브의 매수 등 콘텐츠의 저작권자와의 알력을 낳으면서 구글은 온갖 정보를 데이터화하고 검색할 수 있게 하는 것에 종교적인 열정을 불태운다.

그와 비슷한 정도의 물의를 빚으면서 결과적으로 구글이 전혀 새로운 컴퓨터의 길을 열게 한 것이 2004년에 서비스를 시작한 G메일이다. G메일에서는 모든 메일을 구글 서버에 보존함으로써 브라우저만 있다면 어떤 컴퓨터에서든 모든 메일에 접속하여 과거의 메일까지도 검색할 수 있었던 것이다. G메일은 구글 검색의 다른 특징도 이어받아, 검색 연동 광고처럼 메일 내용을 읽고 거기에 대응하는 광고를 내보낸다. 메일은 송수신자 사이의 닫힌 커뮤니케이션에 이용되기 때문에 당연히 이 기능은 사생활 침해라는 관점에서 많은 비판을 불러왔다. 그래도 G메일의 편리성은 매우 커서 순식간에 많은 사람들에게 없어서는 안 되는 서비스로 자리 잡았다.

어째서 구글은 이토록 고성능의 메일 서비스를 제공할 수 있었던 것일까? 그것은 구글이 고성능의 검색엔진을 움직이기 위해 타사보다 규모가 압도적으로 큰 서버를 가지고 있었기 때문이었다. 구글은 2003년부터 자사의 데이터센터를 구축하기 시작했다. 사내 기술자가 여러 다양한 방법을 동원하였고, 또 무어의 법칙에 따라 칩의 성능 향상과 비용 절감이라는 성과도 뒷받침되었다. 그 결과, 구글의 데이터센터 운영 비용은 타사의 3분의 1이 되었다. 이 압도적인 비용 우위성에서 G메일과 같은 타사는 흉내 낼 수 없는 서비스가 탄생한 것이다.

G메일은 어플리케이션이 구글의 서버 안에서 작동하고 사용하는 사람은 웹 브라우저를 통해서 서비스를 이용한다는, 지금까지는 없던 컴퓨터 사용법을 개척했다. 구글은 이런 방식으로 지도 등 여러 다양한 서비스를 제공한다. 그것은 마치 하늘 위 구름 세계에서 컴퓨터가 움직이는 듯하여 '클라우드 컴퓨팅'이라고 불린다. 구글은 클라우드 컴퓨팅을 야심차게 추진하고, 그 이후 라이벌인 마이크로소프트의 오피스를 클라우드로 대체하는 구글 도큐먼트를 제공한다.

구글은 웹 검색을 시작으로 인류가 낳은 온갖 정보를 모아 정리한다는 목표를 아래 설립된 이래 끊임없이 힘써 왔다. 그러한 목표를 위해 클라우드라고 불리는 온갖 정보를 보존하고 분석할 수 있는 거대한 컴퓨터를 만들어 온갖 정보를 분석할 수 있는 아키텍처를 구축했다. 인터넷이라는 하나의 말 아래, 웹이라는 벽돌과 시멘트를 사용하여 만들어진 클라우드 컴퓨터는 그야말로 구름까지 닿는 바벨탑이다. 구글은 그 압도적인 정보 처리 능력을 이용해 구름 위의 신들처럼 세계의 모든 것을 알 수 있는 '지구의 뇌'를 만들려고 하는 것이다.

---

*래리 페이지(Larry Page), 세르게이 브린(Sergey Brin) 두 사람은 스탠퍼드 대학 재학 중에 검색엔진을 개발하고 구글을 창업한다.

인공지능, 아직 쓰지 않은 이야기

깨어나는
지구의 뇌

바벨탑 신화의 무대는 비옥한 유프라테스 강가에 번성했던 메소포
타미아 문명의 도시 바빌론이라고 알려져 있다. 풍요로운 농업 생산
이 생산자의 배를 불렸을 뿐 아니라 잉여 작물이 상거래를 낳고, 바
빌론에는 세계 최초의 도시 문화가 발생했다. 바빌론에는 다양한 민
족이 모이고 수많은 상거래를 위해 공통 언어가 생겨나고 숫자 개념
도 탄생했다.

　그 도시 문화를 상징하는 것이 바벨탑의 모델이라고 하는 '지그
라트'라는 성스러운 탑이다. 바벨탑 이야기는 가난한 산악 민족이던
유태인의 도시 문화에 대한 반발로 만들어졌다고 한다. 여러 민족이

공통의 말을 이용하여 교류하고 부를 축적하고 큰 종교 건축물을 만들어 가는 모습은 이번 장에서 소개한 인터넷의 발전과 겹쳐지는 부분이 있다.

바빌론이 다민족에게 열린 도시였던 것처럼 인터넷과 웹은 엔드 투 엔드 원리를 토대로 한 개방성에 의해 누구에나 열려 있었다. 그 결과 이용자가 증가할수록 메트칼프의 법칙에 따라서 지수 함수적으로 가치가 증가하고, 단 하나의 아키텍처가 지구를 석권했다 .

엥겔바트를 비롯한 퍼스널 컴퓨터의 창시자들처럼 인터넷이나 웹을 만든 사람들의 아이디어도 그 근간을 되짚어 보면 똑같이 바네바 부시의 메멕스에 다다른다. 또한 그 진보는 무어의 법칙에 따라 유지되고 있다.

그러나 근원은 같아도 그 과정은 달랐다. 퍼스널 컴퓨터가 미 서부 대항문화의 영향으로 개인과 컴퓨터의 대화를 탐구했던 것에 반하여, 인터넷과 웹은 냉전의 종결과 글로벌리즘이 확산되는 시대 아래서 뇌신경처럼 보이는 연결망을 만들려고 했다.

은하 간 네트워크를 제창한 리클라이더가 원래 뇌 연구자였던 것, 웹을 만든 버너스 리의 양친이 튜링과 함께 컴퓨터를 개발하고 컴퓨터와 인간 뇌의 차이에 대하여 두루 생각했던 것, 구글을 만든 두 사람의 지도교수가 인공지능과 대화식 컴퓨터라는 두 가지 측면의 연구에 힘썼고, 제자들은 웹이라는 인류 최대의 데이터베이스를 분석함으로써 인공지능을 실현한 것 등, 이처럼 인터넷과 웹이 발전한 배경에는 인간의 마음을 실현하는 뇌와 신경에 대한 아이디어가 있었다.

인터넷과 그 위에 만들어진 웹의 하이퍼링크는 이 지구의 신경망인 사이버 공간을 만들었다. 구글은 깁슨의 SF 소설에서 예언된 사이버 공간 속 마음의 각성을 실현하려고 한다. 그들은 구름 위까지 닿는 바벨탑을 만들고 지상을 내려다보는 신들처럼 모든 것을 아는 지구의 뇌를 만들려고 하고 있다.

그들이 가진 'Don't be evil(사악해지지 말자)'이라는 이념은 과연 그들이 만들어 내려는 인공지능에게도 확실히 이어질 것인가? 그 여부는 어쩌면 우리 인류의 생존을 좌우할지도 모른다.

스마트폰은 어떻게
우리 주머니를
점령했나

신과 인간을 연결하는 석판

나는 인터넷이 신경처럼 지구를 뒤덮은 모습을 머릿속에 그려 봤다.
칠흑 같은 어두운 우주에 떠오른 푸른빛의 거대한 뇌.

"지구의 뇌인가. 왠지 오싹하네."

"그런 식으로 말하지 마, 나도 클라우드 안의 어딘가에서 움직이고
있으니까."

"그렇겠지. 그래서 백업에서 부활할 수 있었어. 피트는 어디에 있는
클라우드에서 움직이고 있어?"

"그것은 대답하기 어려운 질문이야. 마리는 자신의 뇌 속에서 자신이
어디에 있는지 대답할 수 있어? 그거랑 같아. 게다가 알다시피 나는 마리
하고만 관계하는 게 아니야. 나의 기본적인 부분은 10억 명이 사용하고
있어. 물론 개인적인 정보는 공유되지 않지만."

그렇다. 피트와 같은 A.I.D를 만드는 회사는 세계에 여럿 있다. 일반
소비자를 대상으로 하는 A사, G사, F사의 세 곳, 기업에서는 M사와 I사
의 A.I.D가 사용되고 있다. 나는 디자인이 귀엽고 사용이 간편한 A사의
A.I.D를 사용하고 있는데, G사의 A.I.D는 엄청 똑똑하여 인기가 많다.

단, 지능이 높은 만큼 사적인 정보도 많이 수집하고 있다는 소문이 있어 조금 우려되기도 한다.

나는 오늘도 신부님과 이야기를 나누러 예배당에 갔다. 신부님은 예배당 안에서 낯선 언어로 적힌 오래된 문헌을 읽고 있다. 방해하기 미안하다. 그때 신부님이 눈을 들어 나를 알아봤다.

"오, 마리 아니니? 요즘 꽤 열심히 찾아오는구나. 조금은 신앙심에 눈을 뜬 거니?"

"오늘은 제게 명령하는 다른 신 때문에 상담하러 왔어요. 그건 A.I.D 이지만요."

신부님은 살짝 얼굴을 찡그린다.

"요즘에는 성서의 가르침보다 A.I.D의 명령에 따르는 사람이 많아졌어. 한탄할 일이야."

"그래요. 저도 때때로 걱정돼요. A.I.D는 저에 대해 너무 잘 알아서요, 몰래 다른 사람에게 저에 대한 얘기를 하는 건 아닐까 하고요. 게다가 여러 가지 조언을 해주는 것은 좋은데, 이렇게 A.I.D에 의존해도 될까 하고요."

신부님은 한숨을 쉬었다.

"옛날 스마트폰이나 태블릿이 유행했을 무렵부터 많은 사람이 거기에 하루 온종일 매달려 있었어. 한층 더 똑똑한 A.I.D가 나타난 뒤에는 사람들은 하느님의 음성에는 귀 기울일 틈도 없는 것 같아. 모세의 율법 시대는 멀어질 거야, 앞으로. 마침 지금 헤브라이어 어전을 읽고 있었어."

"모세라면 그 바다를 가른 사람이죠?"

"그래. 보통 사람에게는 그런 이미지가 강할 테지만, 구약성서에서는 유태 민족을 이집트 파라오의 지배에서 해방시켰고, 시나이 산에서 하느님이 내린 태블릿을 통해서 하느님의 율법을 받은 중요한 예언자야."

나는 당황했다.

"잠깐만요, 신부님, 고대 이집트에 태블릿이 있었어요?"

"하하, 태블릿이라고 해도 옛날 유행했던 컴퓨터가 아니야. 그러니까 뭐라고 하면 좋을까…… 앗, 석판! 모세는 석판을 통해서 주님의 말씀을 들을 수 있었어."

나는 망상이 부풀어 오르는 것을 억누를 수 없었다. 턱수염이 텁수룩한 예언자가 천둥이 으르렁거리는 산꼭대기에서 신의 말씀을 듣는다. 손에는 태블릿 – 혹은 스마트폰 – 을 들고 구름 위의 세계와 통신한다. 그때 나는 깨닫지 못했다. 스마트폰을 세계에 확산시킨, 신비로운 모세의 인생과 중첩되는 생애를 살아온 인물과 이미 만났다는 사실을. 게다가 그는 꽤 핸섬하다.

펜은 검보다 강하다,
그러나 휴대전화는
더 강하다

3장에서 보았듯이 글로벌리즘과 인터넷은 당초에 냉전의 해빙과 함께 희망에 가득하여 출발했다. 예컨대 정치학자 프랜시스 후쿠야마 Francis Yoshihiro Fukuyama는《역사의 종말》에서 민주주의·자본주의라는 체제의 결정적인 승리를 선언하고 패권을 둘러싼 '싸움의 역사'는 끝났다고 말했다.

그런데 그 같은 희망은 오래가지는 않았다. 2001년 9월 11일, 테러리스트가 탄 항공기가 뉴욕의 세계무역센터 빌딩, 미 국방부 펜타곤에 자폭공격을 자행했던 것이다. 그때 부시 대통령은 전쟁을 선언한다. 대량 학살무기를 구실로 미국은 이라크와의 전쟁을 시작한

인공지능, 아직 쓰지 않은 이야기

다. 거대 국가 미국이 로마제국처럼 세계의 질서를 유지한다는 팍스 아메리카나pax Americana의 시대는 쌍둥이 빌딩과 함께 위태롭게 무너져 내렸던 것이다.

9·11을 주모한 알카에다 및 그 혈통을 잇는 IS는 중동을 불안하게 만들고, 미국 패권이 가지는 약점은 중국이나 러시아라는 신흥국의 대두를 초래했다. 글로벌리즘은 우리가 기대했던 지구시민사회의 도래가 아닌 세계적인 민족과 종교의 대립에 불을 붙였다.

2010년대에 접어들면서 튀니지, 이집트, 리비아 등 중동과 북아프리카 국가의 독재적인 체제에 대한 반정부 운동이 고조되고 결과적으로 그들 정부가 무너지는, 아랍의 봄Arab Spring 사태가 일어났다. 그때 페이스북을 비롯한 SNS나 휴대전화가 반정부 운동에 민중을 동원하는 데 큰 역할을 했다.

민족의식이라는 것은 이처럼 큰 억압이 있을 때에 그 반동으로서 고조되는 것인지도 모른다. 예컨대 성서의 〈창세기〉 다음에 오는 것은 이집트에서 학대받아 온 유태 민족이 이집트를 떠나 자신의 나라를 형성하는 〈출애굽기〉이다. 여기서 주인공은 성서 이야기 중에서도 유명한, 바다를 가르고 유태인을 이끌었던 모세다.

모세가 태어났을 무렵 당시 이집트의 파라오는 유태인 신생아를 모두 죽이라고 명령하고, 그 난을 피하기 위해 모세의 어머니는 모세를 강으로 흘려보내 결과적으로 이집트 왕족이 데려다 키우게 한다. 모세는 이집트인을 살해한 죄로 이집트에서 도망쳤지만, 유태인을 이끌어야 하는 사람으로서 신의 계시를 받고 다시 이집트로 돌아온다. 그 후, 모세는 시나이 산에서 신의 계율을 기록한 석판을 받아 유태인을 약속의 땅 가나안으로 인도한다. 그때 계율이 적힌 석판은 성궤라 불리는 상자에 담겨 신의 말을 전하는 통신기 역할을 했다. 성궤는 또한 적의 군대를 물리치는 병기이기도 했다.

오늘날 컴퓨터에 최대 영향을 미친 사람 중에 모세의 인생과 이상하리만치 중첩되는 인물이 있다. 맞다, 스마트폰이라는 '신의 석판'을 만들어 세상을 바꾼 남자, 스티브 잡스다. 이번 장에서는 모바일 컴퓨팅이라는 약속의 땅으로 우리를 이끈 잡스의 이야기를 중심으로, 구름 위 세계인 클라우드와 연결하는 석판인 스마트폰이 어떻게 탄생했는지를 말한다. 스마트폰은 몇몇 국가를 무너뜨리는 무기가 되기도 했다. 마치 모세의 석판이 담긴 성궤처럼 말이다.

예언자 잡스의
추방이 낳은
PDA

스티브 잡스의 삶은 모세와 마찬가지로 부모에게 버림받는 것에서 시작된다. 스티브가 태어날 당시 아직 대학원생이던 양친은 새너제이에 사는 잡스 집안에 스티브를 양자로 보낸다. 아마도 부모에게 버림받았다는 생각이 잡스가 사람과 관계를 맺는 데 장벽이 되고, 편집광적인 완벽주의라는 특유의 성격을 형성했을 것이다(물론 일반화하기는 어렵지만). 이것은 2장에서 말했듯 잡스가 대항문화에 깊이 빠져드는 데도 영향을 미쳤을 것이다.

또한 친부모가 양부모에게 제시한 조건은, 스티브에게 대학 교육을 시켜 달란 것이었다. 잡스는 진보적인 교풍으로 알려진 리드 대학에 입학하지만, 자신과 맞지 않는 대학에서의 교육에 흥미를 잃었고 결국 그는 대학을 중퇴한다. 그러나 대학에서 전공한 리버럴 아트는 훗날 잡스의 일과 이어진다.

1984년 매킨토시 발매 전날 밤, 애플의 회장이던 스티브 잡스는 당시 펩시콜라의 사장과 만났다. 잡스는 말한다.

"이대로 설탕물을 팔고 평생 끝날 것인가? 세상을 바꾸는 데 흥미는 없는가?"

대기업의 사장이라는 자리에 앉아 있던 이 인물은 그 말에 마음이 흔들린다. 그리고 결국 애플이라는 아직은 벤처기업인 곳의 사장으로 옮겨 갈 것을 결단한다. 훗날 자신을 초대한 스티브 잡스에게 최후통첩을 한 존 스컬리John Sculley*다.

잡스는 애플Ⅱ의 성공 아래 맥의 발매도 미룬 채로 제품개발 매니저로서는 명성을 유지하고 있었다. 한편 경영자로서는 경험이 얕았기 때문에 마케팅 천재로 알려진 스컬리를 설득하여 마침내 스카우트하는 데 성공한다. 당초 두 사람은 함께 잡지 표지를 장식하고 '다이내믹 듀오'라고 불릴 만큼 친밀했다.

그러나 그런 관계는 그리 오래가지 않았다. 대대적인 광고 후 발표한 탓으로 엄청난 주목과 칭찬이 쏟아진 맥이었지만, 최초의 모델은 스펙이 너무 낮아서 거의 쓸 만한 것은 아니었다. 결국 맥은 팔리지 않고 애플은 그해 첫 사분기에 적자를 기록했다. 스컬리는 잡스의 독선적인 관계 방식이 사내에 큰 알력을 낳는다고 생각했다. 결국 이사회에서 잡스는 해임당하고 마치 파라오에게 쫓기는 모세처럼 스스로 창업한 애플에서 쫓겨나게 된다. 훗날 잡스가 애플에 복귀할 때까지는 10년 이상의 세월이 흘러야 했다.

미래의 제품을 내다보는 비전을 지닌 잡스라는 예언자를 쫓아내고 스컬리는 그 대신이 되어야 했다. 1988년 애플은 21세기의 컴퓨터 '지식 내비게이터Knowledge Navigator'라는 콘셉트 비디오를 공개한다. 이 비디오에 나타난 지식 내비게이터는 아이패드를 반으로 접은 태블릿 컴퓨터로, 나비넥타이를 한 인공지능의 에이전트와 음성으로 대화함으로써 정보를 검색하거나 스케줄을 조정하는 모습이 그려진다. 마치 지금의 시리Siri 같다.

스컬리는 맥을 앞서는 제품으로 이러한 전자 비서, PDA(퍼스널 디지털 어시스턴트)라는 아이디어의 구현에 힘쓴다. 1993년 애플은 첫 PDA 제품을 공개한다. 그 신제품에는 뉴턴이라는 이름이 붙여졌다. 떨어지는 사과를 보고 인력의 존재를 발견한 과학자에게서 빌려온 그 이름은 이후 그 제품과 애플의 운명을 암시하는 것 같았다.

매킨토시 이래 10년 만의 애플의 새로운 컴퓨터, 그것도 문자나 도형의 입력을 펜으로 하는 참신한 사용자 인터페이스를 갖춘 뉴턴을 당초 사람들은 열광적으로 맞이했다. 그러나 사용자가 실제로 뉴턴을 사용한 뒤 그 열광은 식어 갔다. 장점으로 어필했던 수기에 의

한 문자입력은 정밀도가 낮아서 거의 쓸모가 없었다. 결국 뉴턴의 인기는 완전히 식고 말았다. 같은 해에 스컬리는 해임되고 만다.

지식 내비게이터라는 아이디어는 오늘날의 태블릿이나 시리로 이어지는 앞을 내다보는 것이었다. 그러나 스컬리는 뉴턴의 실현에는 실패했다. 그는 잡스처럼 진정한 예언자가 될 수 없었다. 이후 애플은 뉴턴의 사과처럼 추락에 추락을 거듭했다.

한편 추방당한 잡스는 매킨토시의 '다음'을 추구하는 가운데 미래에 일어나게 될 여러 기적으로 이어지는 계시를 받는다.

---

*존 스컬리(John Sculley) 펩시콜라의 CEO에서 애플의 CEO로 스카우트되어 훗날 스티브 잡스를 내쫓는다. PDA라는 콘셉트를 구상하고 뉴턴을 개발한다.

인공지능, 아직 쓰지 않은 이야기

잡스의 '넥스트'를
낳은 씨앗

애플에서 추방당하고 방황하는 신세가 된 잡스는 아직 서른으로, 애플 주식의 공개 이익만으로도 이미 억만장자였지만 은퇴하기에는 너무 이르다고 생각했다. 더욱이 아직 애플Ⅱ나 매킨토시를 뛰어넘는 일을 할 수 있다는 자신에 대한 믿음이 있었다.

잡스의 머리에는 어떤 아이디어가 있었다. 애플의 컴퓨터에는 수많은 이용자가 있지만, 그중에서도 특히 큰 고객이었던 것이 대학의 학술기관이었다. 대학을 중퇴한 잡스가 만든 컴퓨터가 대학에서 큰 인기를 얻고 있다니 아이러니한 이야기다. 잡스는 그 같은 학술기관을 대상으로 매킨토시보다도 고도의 처리 능력을 가진 컴퓨터를 개발하는, 넥스트라는 회사를 만든다. 회사 이름을 'N'으로 시작되는 것으로 정한 것은 'M'으로 시작하는 매킨토시의 '다음'이라는 마음도 담겨 있었을 것이다.

사실 웹은 최초에는 이 넥스트의 컴퓨터용으로 개발되었다. 더욱이 이 넥스트의 기술은 훗날 매킨토시의 차세대 OS인 매킨토시 OS X가 되고, 나아가서는 아이폰이나 아이패드에 탑재되는 iOS의 기초가 되었다.

넥스트의 개발이 시작된 것은 1985년이다. 변화가 극심한 컴퓨터 업계에서 30년간이나 하나의 기술이 사용되는 것은 거의 그 예를 찾아볼 수 없다. 넥스트의 기술은 왜 이토록 큰 영향력을 오래도록 가질 수 있었던 것일까?

그 비밀은 넥스트의 기반에 이용되었던 UNIX라는 OS에 있다. UNIX는 1970년경에 미국의 전신전화회사인 AT&T의 벨연구소에서 개발되었다. 통신회사에서 개발한 것이라는 점에서 상상할 수 있듯이 UNIX는 인터넷의 통신 환경을 활용할 수 있도록 만들어졌다. 좀 더 설명하면, UNIX의 기원은 리클라이더가 인터넷을 활용하기 위한 컴퓨터의 구조로서 MIT에 자금을 제공하여 연구한 시분할Time Sharing이라는 방식에 다다른다.

한정된 수의 대형 컴퓨터밖에 없던 당시, 리클라이더는 컴퓨터의 계산 처리를 네트워크를 통해서 연결한 몇몇의 말단에 분할하여 이용할 수 있는 시스템을 만들었다. UNIX는 그 특징을 이어받아 인터넷 접속 기능, 복수의 이용자가 동시에 이용하는 기능, 복수의 프로그램을 동시에 움직이는 기능에 충실하다.

UNIX는 이러한 기능 때문에 기업이나 학술기관에서 급속히 확산되었고, 인터넷이 개방되기 전에 인터넷을 이용할 수 있는 장소였던 그곳의 고성능 컴퓨터 대부분은 UNIX로 움직이게 되었다. 그 때문에 인터넷 기반 관련 개발은 주로 이 UNIX 위에서 이뤄진다. 넥스트는 학술연구용의 고성능 컴퓨터였기 때문에 UNIX를 이용하는 것이 자연스러운 흐름이었다. 이 같은 배경에서 넥스트를 이용하여 웹이 탄생하게 된 것이다.

넥스트는 UNIX를 기반으로 해 어플리케이션을 개발하기 쉬운 환경이나 매킨토시에서 기인한 우수한 조작성 등을 갖추고 높은 평가를 얻었다. 그러나 매킨토시와 같은 퍼스널 컴퓨터와 비교하면 넥스트는 고가로, 당초 목표했던 학술기관이나 높은 신뢰성이 요구되는 금융기관에는 도입되었지만, 그 시장 규모가 한정되어 있었다. 생각처럼 판매 대수가 증가하지 않자 넥스트는 컴퓨터의 하드웨어 제조에서 물러나 소프트웨어만의 사업으로 전환한다. 이 시기가 잡스의 인생에서 가장 힘들었던 시기라고 한다.

한편 잡스는 컴퓨터 개발이 아닌 다른 의외의 사업에서 스타 경영자로서 다시 꽃을 피운다. 1986년 〈스타워즈〉를 촬영한 조지 루카스가 이끄는 루카스 팀이 CG 제작 부문의 매각을 타진해 왔던 것이다. 이 회사는 매수된 후 한동안 CG 제작을 위한 독자적인 컴퓨터와 전용 소프트를 판매했다.

그러나 이곳에 재직했던 디즈니 출신의 애니메이션 제작자는 독자적인 CG 애니메이션 영화를 만든다는 꿈을 가지고 있었다. 설립한 지 9년 뒤인 1995년, 이 회사는 첫 장편 애니메이션 영화 〈토이스토리〉를 디즈니 배급으로 크게 히트시킨다. 이 애니메이션 제작회사인 픽사가 세계에 그 이름을 알리고 잡스가 경영자로서 화려하게 컴백하는 순간이었다.

훗날 픽사는 디즈니에게 매수되고, 잡스는 디즈니의 임원을 맡게 된다. 픽사에서의 성공은 경영자로서 애플에서 쫓겨난 아픔을 치유했을 뿐 아니라 앞으로 나아가는 중요한 커리어를 가져다주었다. 그가 성장하고, 영광과 좌절을 경험한 실리콘밸리를 떠나서 할리우드의 엔터테인먼트 산업에 이름을 올리게 된 것이다. 그 경험이 훗날 애플로 돌아와서 컴퓨터 이외의 여러 산업을 바꾸는 원동력이 된다.

이처럼 애플이라는 고향에서 쫓거나 방황하던 잡스였지만, 훗날 그 자신이 스탠퍼드 대학의 졸업식 연설에서 말하였듯이 그 결과로 얻은 넥스트와 픽사에서의 경험이 없었다면 애플로 돌아와서 수많은 기적과 같은 혁신을 일으키지 못했을 것이다. 방황 속에서 유태인을 이끄는 자로서 계시를 받았던 모세와 마찬가지로, 잡스는 컴퓨터의 미래에 대한 비전을 얻었던 것이다.

히피와
할리우드가 만든
하얀 음악 플레이어

잡스가 픽사에서 컴백했을 무렵, 애플은 심각한 상황에 빠져 있었다. 잡스를 추방한 뒤 매킨토시는 그 용도를 내세워 출판업계나 음악업계를 중심으로 시장을 확대하고, 애플의 주력제품으로 성장했다. 그러나 라이벌이 그 성공을 손 놓고 바라보고 있을 리 없다. 1995년에 발표된 윈도우 95는 그때까지의 버전과 비교하여 용도 면에서 매킨토시를 대폭적으로 따라잡고 그 우위를 위협했다.

매킨토시의 차기 제품으로 기대를 모았던 뉴턴은 비참한 실패로 끝나고 스컬리는 이미 애플을 떠났다. 더불어 매킨토시의 OS를 개량하려던 프로젝트가 실패로 끝나고 애플은 자신의 힘으로 매킨토시를 진화시키기는커녕 기업의 존속조차 어려운 상황에 빠져 있었다. 스컬리 이후의 경영자들은 마침내 외부에서 OS를 매수하여 매킨토시에 채용한다는 결단을 내린다. 그래서 선택한 것이 잡스가 이끄는 넥스트였다. 1996년 잡스는 고향으로 귀환했던 것이다.

잡스는 애플로 돌아오자마자 자신을 불러들인 경영자들을 쫓아내고 실권을 장악한다. 애플의 지도자로서 다시 피어난 잡스는 곧장 증오해 온 스컬리의 유산인 뉴턴을 말살했다. 그 후 불과 5년 뒤에 오스트레일리아의 본다이 비치 색을 띤 아이맥이나 넥스트의 OS를 토대로 한 차세대 맥 OS X 등의 제품을 히트시킨다. 또한 맥 발매시의 '1984' 캠페인을 떠올리게 하는, 'Think different(다르게 생각하라)'라는 브랜드 캠페인을 전개한다.

'미친 인간만이 세계를 바꾼다'는 잡스와 애플의 신념을 회사 안팎으로 재확인시키기 위해 아인슈타인이나 간디와 같은 세계의 위인들이 캠페인에 등장했다. 그중에 일본인도 한 사람 있었다. 전후 일본을 대표하는 기업 소니의 창업자로 잡스도 늘 경의를 표했던 모리타 아키오盛田昭夫다.

소니의 이름을 세계에 알린 것은 세계 최초의 트랜지스터라디오 개발이었다. 또한 트랜지스터라디오를 이용하여 세계적인 히트 제품이 된 워크맨을 만들어 냈다. 소니는 트랜지스터에서 비롯된 퍼스널 컴퓨터의 혁명이 낳은 극동의 형제와 같은 존재였다.

애플의 제품에도 소니의 부품은 다수 탑재되어 초대 매킨토시에 탑재된 플로피디스크 드라이브도 소니제였다. 그를 위한 교섭을 할 때 잡스는 모리타가 보낸 초대 워크맨을 받고 그 후 일본을 찾을 때마다 워크맨의 신기종을 샀다는 일화가 남아 있다.

그런데 넥스트의 OS가 우여곡절 끝에 맥에 탑재 완료된 2000년 무렵, 애플은 잡스 복귀 이래 최대 역풍에 맞았다. 그도 그럴 것이 애플은 일반 소비자 사이에서 인기 있던 컴퓨터 트렌드에 뒤처져 있었기 때문이다. 그것은 디지털 음악이다.

당시 음악의 판매 수단은 아직 CD가 주류였는데, CD 드라이브를 탑재한 컴퓨터에서 음악을 MP3라는 형식으로 변환하여 휴대형 플레이어로 듣거나 앨범의 곡을 재편집하여 자신의 CD에 굽는 것이 젊은 사람들에게 인기였다. 그러나 애플의 제품에는 CD를 굽는 드라이브가 탑재되어 있지 않았고, 음악을 듣기에는 사용이 어려웠다. 그 무렵 애플은 아이맥을 발표한 이래 첫 적자로 전환한다.

그러나 애플은 여기서 맹렬한 반격을 꾀한다. 2000년에 작은 소프트 회사가 개발한 음악 소프트를 매수하여 불과 몇 개월 만에 다시 만들어 iTunes로 배포한다. 동시에 CD를 굽는 드라이브를 탑재한 맥도 내놓는다. 애플은 이때 음악에 머물지 않고 사진이나 비디오를 포함한 개인의 콘텐츠를 디지털에 기록하고 정리하고 이용하는 '디지털 허브' 구상을 발표한다. 맥이 개인의 디지털 생활의 중심이 되겠다고 선언했다.

그 10개월 뒤 잡스는 담뱃갑 크기 정도의 새하얀 플라스틱에 덮인 디지털 허브 구상의 첫 제품을 발표한다. 바로 주머니에 1,000곡을 넣어 다닐 수 있는 아이팟iPod을 데뷔시킨다. 그것은 9·11 테러가 일어난 지 불과 1개월 뒤로, 미국과 세계가 테러와의 전쟁에 잠겨 있는 가운데 등장했다. 새로운 천년의 시작을 알린 2001년이라는 해는 예상했던 HAL 9000의 등장이 아니라, 테러와 음악 플레이어라는 의외의 조합으로 막을 열었다.

맥과 연결되지 않으면 사용할 수 없는 아이팟은 처음에는 그다지 호응이 없었고 워크맨을 이길 수 없다는 목소리도 있었다. 그러나 2003년에 iTunes를 윈도우에서 사용할 수 있게 하는 동시에 음악을 직접 구입하여 다운로드할 수 있는 iTunes 스토어를 시작한다. 그 결과, 엄청난 인기몰이를 하며 전 세계 어느 도시에서든 아이팟의 아이덴티티인 흰 이어폰을 볼 수 있게 된다.

마침내 아이팟은 잡스가 존경해 마지않던 소니의 대표적인 제품을 완전히 제쳤다. 동시에 iTunes 스토어는 레코드 판매점을 앞질러 세계 최대의 음악 판매점이 된다. 컴퓨터 기업이던 애플이 음악 재생기와 음원 판매점에서도 세계 제일이 되었던 것이다! 잡스는 세상을 떠난 다음 해인 2012년 음악 산업에 대한 공헌을 인정받아 그래미 특별공로상을 수상했다.

아이팟은 맥이라는 퍼스널 컴퓨터의 주변 기기로 사용하기 위해 디자인되어 상업용 퍼스널 컴퓨터를 꽃피운 맥다운 제품이라는 평을 받았다. 그러나 아이팟을 상업적으로 성공시킨 두 가지 결단－ 윈도우에 대한 대응과 유료 음악 스토어의 개시－은 IBM과 싸우고 '정보는 공짜가 되려고 한다'는《더 홀 어스 카탈로그》식 해커문화에 물든 과거의 잡스와 애플로는 도저히 생각하기 어려운 것이었다.

iTunes 스토어를 발표할 때 잡스는 "사용자는 적정한 가치와 용도로 음악을 구입하는 방법이 있다면 훔치려 하지 않는다"고 말한다. 히피라기보다 엔터테인먼트 산업의 중역다운 발언이지만, 픽사의 성공으로 잡스는 실제로 그렇다고 생각했을 것이다. iTunes 스토어를 실현하는 데 있어 인터넷상의 부정 복재를 우려하는 대형 음악사의 협력을 이끌어 내는 일도 빠뜨릴 수 없었다. 그들을 설득할 때 몸소 콘텐츠 기업을 경영하는 잡스의 존재는 든든한 힘이 되었다.

바야흐로 히피와 해커는 할리우드 언덕에 사는 자본가와 잠자리를 같이했던 것이다. 그들이 낳은 자식인 아이팟은《더 홀 어스 카탈로그》와 같은 정보를 만들기보다는 음악이나 웹이라는 콘텐츠를 소비하는 데 적합한, 이후 애플의 'i' 디바이스의 맏아들이 되었다.

아이팟 안의 기본 부품과 OS를 만든 것은 사실 뉴턴을 만들었던 개발자들이었다. 스컬리의 뉴턴은 PDA라는 꿈을 구체화하는 데 실패했다. 그러나 그 아키텍처는 음악 플레이어라는 예상치 못한 형태

인공지능, 아직 쓰지 않은 이야기

로 꽃을 피웠다. 그 이후 아이팟에서 한층 진화한 제품들은 결과적으로 사람이 늘 휴대하는 컴퓨터, PDA의 꿈을 실현하는 데 다가간다.

이집트에서 홍해를 건너 유태 민족을 구출하고 신과 계약을 맺은 모세처럼, 귀환한 잡스는 히피에서 성숙한 경영자로 탈바꿈하여 본다이 블루의 아이맥과 새하얀 아이팟으로 우리 생활에 컴퓨터를 가져 온 지도자가 되었다.

PDA를
성공으로 이끈 것은
뇌 과학자

뉴턴의 실패 후에도 인터넷이나 어플리케이션을 이용할 수 있는 PDA나 휴대전화를 실현하기 위해 세계의 여러 기업과 개인이 힘을 쏟았다. 그리고 뉴턴의 실패를 뛰어넘는 PDA를 개발하는 데 뇌 과학이 뜻밖에 결정적인 역할을 했다. 그 결과 만들어진 똑똑한 휴대전화가 '스마트폰'이라고 불리게 된 것은 필연적이다.

이때의 주역 제프 호킨스Jeff Hawkins*는 인텔에서 일하는 기술자였다. 어느 날 그는 과학 잡지의 뇌 특집호를 읽고, 뇌의 구조란 어떤 것인지에 대하여 강한 흥미를 가진다. 그는 인텔에 뇌에 대하여 연구하고 싶다고 제안하지만 받아들여지지 않자 MIT의 인공지능연구소에 들어가려고 했지만 결국 실패로 끝난다.

그러나 호킨스는 포기하지 않고 직접 IT 사업을 하여 벌어들인 자금으로 뇌에 대하여 연구하기로 한다. 때는 뉴턴이 등장하기 전날 밤인 1992년, PDA가 PC를 뛰어넘는 새로운 컴퓨터가 될 것이라는 기대감으로 부풀어 있을 무렵이었다. 호킨스가 설립한 팜(손바닥을 의미한다)은 1996년 첫 PDA를 발매하며 18개월 만에 100만 대를 판매하는 대히트를 기록한다. 애플이라는 유명한 기업에서 대대적인 선전 속에 발매된 뉴턴이 첫 2년 동안 14만 대밖에 팔리지 못했던 것을 생각하면 이 작은 신흥 기업의 성공은 놀랄 만한 것이었다. 팜은 어떻게 뉴턴이 해내지 못한 실용적인 PDA를 실현할 수 있었던 것일까? 그 배경에는 호킨스가 가지고 있던 뇌에 대한 아이디어가 있었다.

앞에서 말하였듯, 뉴턴이 인기를 얻지 못한 가장 큰 이유는 손으로 직접 쓴 문자의 인식도가 낮았기 때문이다. 사실 그 정밀도가 너무 낮았는가 하면 그렇지는 않았다. 문제는 순조롭게 인식된 경우와 그렇지 않은 경우가 뒤섞여 있었던 데 있었다. 호킨스는 그것이 사용하는 인간의 뇌에서 문제를 일으킨다고 생각했다.

호킨스에 의하면, 뇌는 입력된 정보를 과거의 기억에 비춰 보고 다음에 일어날 일을 예측하는 장치다. 뇌는 예측한 대로 일이 일어나길 바라고, 그런 경우에는 무의식적으로 처리할 수 있다. 그러나 예측하지 못한 일이 일어나면 주의력이 아무래도 그곳으로 쏠리게 된다. 뉴턴이 손으로 쓴 문자를 인식할 때에 입력한 문자가 그대로 인식되지 않는 경우가 많았기 때문에 입력하는 사람의 뇌는 그것이 매번 신경 쓰이고 불쾌감을 느낀 것이다.

그렇지만 컴퓨터가 완벽한 정밀도로 문자를 인식하는 데는 기술적인 장애가 있었다. 그래서 호킨스는 자신의 아이디어에 근거하여 발상을 전환했다. 컴퓨터가 인간에 맞추는 것이 아니라 인간이 컴퓨터가 인식하기 쉬운 연속 쓰기의 간략화 된 알파벳을 그림으로써 거의 100퍼센트 정확히 인식하는 문자 입력 방식(그래피티 방식)을 만들었다.

또한 호킨스는 소프트를 교체하는 버튼을 누르면 화면이 즉석에서 교체되는 등, 다른 점에서도 뇌가 쾌감을 느낄 수 있도록 철저히 설계했다. 이렇듯 호킨스의 뇌에 대한 아이디어를 설계에 적용함으로써 팜은 매우 기분 좋고 손쉽게 사용하는 PDA를 실현하고 큰 성공을 거두었다.

팜이 한창 인기를 얻고 있던 1999년에 의외의 곳에서 또 다른 도전자가 등장했다. 캐나다의 무선호출기 회사가 컴퓨터와 같은 배열의 키보드를 가진 메시지 포켓 벨을 발매하고 전 세계적으로 붐을 일으켰던 것이다. 나중에 오바마 대통령이 취임했을 때 백악관에서도 사용할 것이라고 선언한 것으로 큰 화제를 불러 모았던, 블랙베

인공지능, 아직 쓰지 않은 이야기

리다. 블랙베리는 외출해서도 메일을 보내야 하는 비즈니스맨을 중심으로 중독자적인 마니아층을 확보하면서 '크랙(코카인의 별명)베리'라는 다소 호들갑스러운 이름으로 불리기도 했다. 이 무렵 PDA는 휴대전화와의 융합이 명백해졌다. 호킨스도 2002년에 팜과 휴대전화를 융합한 트레오라는 단말기를 발매한다. 똑똑한 휴대전화, 스마트폰의 첫 물결이 다가온 것이다.

그 이후 마이크로소프트나 노키아라는 대기업도 스마트폰 시장에 진출하면서 팜의 영향력은 차츰 옅어져 갔다. 이 무렵의 스마트폰들은 이후에 등장할 '신의 석판'에 모두 무릎을 꿇게 되지만 말이다. 호킨스도 팜을 떠나서 본래 꿈이던 뇌 과학 연구에 전념하기 위해 스스로 연구소를 설립한다. 그 후 그는 뇌 연구에서도 PDA 분야에서 팜이 이룩한 정도의 강렬한 업적을 올린다.

---

*제프 호킨스(Jeff Hawkins) 팜을 창업하고 상업적으로 성공한 동명의 PDA를 개발한다. 훗날 레드우드 신경과학연구소를 설립하고 뇌의 메커니즘에 근거한 인공지능을 개발한다.

신의 전화 아이폰이
모든 것을 바꿨다

2000년대 중반, 컴퓨터·통신업계에는 지금까지 봐온 PDA나 음악 플레이어, 고기능성 휴대전화가 난립했다. 그 어느 것도 충분히 손쉽게 사용할 수 있는 컴퓨터가 아니었고, 인터넷을 충분히 활용한 것도 아니었다. 모바일 컴퓨터는 이집트에서 막 탈출한 유태 민족처럼 어디로 향해야 할지 모른 채 황야를 헤맸다. 그러는 가운데 유태인들이 모세에게 나아가야 할 길을 제시해 달라고 졸랐던 것처럼 아이맥이나 아이팟으로 인터넷 시대에 컴퓨터가 나아가야 할 길을 제시해 온 애플에 대한 기대치는 차츰 높아져 갔다.

2006년 무렵에는 애플이 휴대전화를 만드는 것 같다, 그것은 아이맥이나 아이팟에 이어지는 혁명적인 것 같다, 는 소문이 나돌았다. 같은 해 크리스마스에 전자기기 전문 웹 블로그 기즈모도 Gizmodo 는 애플의 휴대전화에 대한 기대감을 다음과 같이 말했다. "우리는 아직 구세주를 필요로 한다. 바라건대, 우리의 양치기 스티브 잡스가 애플이 찍힌 휴대전화, 진정한 신의 전화(Jesus Phone), j폰을 2주 뒤 강연에서 발표하기를."

그리고 2007년 2월, 그날이 왔다. 휴대전화 발표가 기대되었던 잡스의 강연은 가볍게 진행되었다. 이대로라면 새로운 발표는 없지 않을까? 강연에 참가한 청중이 그렇게 생각하기 시작했을 즈음 잡스가 그때까지의 유머러스한 태도에서 돌변하고 청중도 기묘한 긴장감에 사로잡힌다.

"몇 년에 한 번, 모든 것을 바꾸는 제품이 나타난다. 이런 제품에 한 번이라도 참여한다면 행운일 것이다. 애플은 운 좋게 지금까지 세상을 바꾸어 놓는 제품을 여럿 창조해 왔다. 맥과 아이팟이다. 오늘 우리는 이와 같은 혁명적인 제품을 세 가지 발표하려고 한다."

청중이 술렁였다.

"첫 번째 제품은 터치스크린이 탑재된 아이팟. 다음은 혁명적인 휴대전화. 그리고 인터넷 디바이스. 아이팟, 전화, 인터넷 디바이스…… 알아차렸는가? 맞다, 이 세 가지는 별도의 디바이스가 아니다. 하나의 디바이스다. 우리는 이것을 아이폰이라고 부른다."

잡스는 소리 높여 선언한다.

"오늘 애플은 전화를 재발명한다."

신의 전화, 아이폰이 만인의 갈채를 받으면서 세계에 모습을 드러낸 순간이었다. 그 후 여러분이 아는 대로 우리의 세계는 완전히 달라졌다. 2015년 현재 이미 인류의 4분의 1 이상을 차지하는 20억 명이 스마트폰을 사용하고 있다. 이것은 세계의 기독교 신도의 수와 거의 맞먹는다.

그리고 우리는 스마트폰을 온갖 일에 사용하고 있다. 아이폰과 마찬가지로 주요한 스마트폰인 안드로이드 폰 각각에서 사용하는 어플리케이션의 수는 100만 개가 넘는다. 물론 인터넷을 사용하는 기기로서의 비율도 이미 PC를 대폭적으로 웃돌고 있다. 2014년에 애플은 아이폰만으로(아이패드나 맥은 미포함) 140조 원을 판매했다. 이것은 2012년도 인도네시아의 국가 예산을 상회한다.

잡스가 소개했듯이 아이폰은 지금까지 소개된 여러 모바일 컴퓨터의 요소를 겸비한 동시에 그 모든 것을 웃도는 것이었다. 먼저 아이폰은 아이팟으로서 사용할 수 있고, 음악은 물론 동영상 콘텐츠도 과거에 없던 대형 화면으로 볼 수 있다. 물론 전화 기능도 있으며 풍부한 메일, 푸시 알림, PC와 동등한 웹 브라우저, 유료 콘텐츠 배포 등의 기능을 갖추고 있다. 더욱이 아이폰은 컴퓨터로서 어플리케이션을 실행하는 기능을 탑재했다. 게다가 아이폰용 소프트웨어는 지금까지의 모든 경합 제품과 달리 PC와 동등한 기능이나 편리한 어플리케이션을 만들 수 있었다.

아이폰은 어떻게 이런 온갖 기능을 실현할 수 있었던 것일까? 그이유는 잡스가 방랑 시대에 얻은 계시 – 넥스트 OS에 있었다. 무어의 법칙에 따라 1980년대에는 고가의 고성능 컴퓨터밖에 이용하지 못했던 OS가 맥에 탑재되는 과정을 거쳐 지금은 손바닥 크기의 전화 패드에 탑재되었던 것이다! 그 결과, 앞에서 말했듯이 온갖 기능에서 PC에 뒤지지 않는 수준을 실현할 수 있었던 것이다.

아이폰에서 이토록 많은 기능을 사용할 수 있는 또 다른 큰 요소는 조작성이다. 아이폰은 복수의 손가락으로 부드럽게 조작할 수 있는 독자적인 조작성으로 매우 편리한 사용을 가능하게 했다. 실제 잡스 자신이 이야기한 바에 의하면, 처음에는 이 새로운 방식의 터치패널을 아이패드와 같은 태블릿 컴퓨터에 사용하려 했다. 이후 태블릿 컴퓨터의 개발에 힘을 쏟는 가운데 휴대전화를 만들 수 있다는 사실을 깨닫고 방침을 전환하여 아이폰의 개발을 시작했던 것이다. 나중에 잡스가 아이패드를 발표했을 때 《월스트리트저널》은 '지난번, 태블릿이 이토록 화제가 되었을 때는 거기에 율법이 적혀 있었다'는 농담을 게재했다.

〈스타워즈〉의 조지 루카스가 참여한 다른 인기 시리즈인 〈인디아나 존스〉의 제1편은 '레이더스'라는 제목으로, 인디아나 존스와 나치가 성궤를 둘러싸고 쟁탈전을 벌이는 이야기였다. 영화 속에서 인디아나 존스의 라이벌이 "당신은 성궤의 정체를 알고 있는가? 그 것은 통신기다. 신과 이야기를 나누는 무선장치다"라고 설명하는 대 사가 있다.

아이폰은 구름 위의 클라우드를 이용하는 데 충분한 컴퓨터를 넣은 최초의 휴대전화였다. 이 신의 석판, 스마트폰을 통해서 이미 인류의 4분의 1 이상이 하루 24시간 클라우드와 연결되는 계약을 체결하고 있다(우리의 계약은 본디 평생 계약 아래 태어나는 헤브라이인과 달리 2년 약정이지만!).

스마트폰 선택은
신앙 고백과
같다

애플에서 잡스를 추방한 가짜 예언자 스컬리는 언제 어디서든 개인의 비서가 되는 PDA라는 아이디어를 수립하고 뉴턴이라는 제품을 개발했다. 뉴턴 자체는 아이작 뉴턴이 본 사과처럼 시장에서 호응을 얻지 못해 실패로 추락했다. 하지만 뉴턴은 나중에 디지털 음악의 큰 물결을 일으킨 아이팟의 기반이 되거나 실용적인 PDA와 스마트폰의 길을 개척한 팜으로 이어지면서 그 DNA는 착실히 미래로 이어져 갔다.

애플에 귀환한 진정한 예언자 잡스는 방황의 시대에 얻은 OS와 콘텐츠산업에서 얻은 경험으로 그때까지의 모든 모바일 기기를 포함하여 과거의 제품들을 초월한 아이폰이라는 신의 석판을 만들었다.

아이폰은 소프트웨어에 의해 어떠한 미디어도 될 수 있는 컴퓨터라는 튜링이나 케이의 아이디어를 물려받은 직계 자손이다. 그 실현 과정에서는 리클라이더가 그린 은하 간 네트워크와 이어진 UNIX의 기반 위에 맥의 뛰어난 디자인을 이어받았다. 그리고 인터넷에 접속하고 웹과 클라우드를 언제 어디서든 충분히 활용할 수 있다. 이처럼 아이폰은 지금까지의 지혜의 열매 역사를 집대성한 것이다.

아이폰이나 그 뒤를 잇는 안드로이드 스마트폰은 세계에 무엇을 가져왔는가? 그것은 우리 인류 대다수가 언제 어디서든 클라우드의 지능과 연결할 수 있게 되었다는 것이다. 그것은 유태인이 신의 석판을 통해 신과 연결되었듯, 클라우드와 연결되어 살아간다는 계약이다. 그처럼 사람들을 연결하는 힘은 아랍의 봄에서 볼 수 있듯이 이집트의 파라오와 같은 억압적인 지배자를 쓰러뜨리는 무기가 되었다.

이 시대의 두 가지 종파, 애플과 구글의 아키텍처의 차이는 마치 기독교에서 가톨릭과 개신교의 관계와 비슷하다. 퍼스널 컴퓨터나 스마트폰을 개발해 온 애플은 화려하고 많은 돈을 요구한다. 한편 인터넷과 웹에서 태어난 구글은 화려하다기보다는 실용적이고, 직접적으로는 그다지 돈을 요구하지 않아 보다 많은 사람에게 열려 있다.

스마트폰을 선택하는 것은 단순히 휴대전화의 기종을 선택하는

인공지능, 아직 쓰지 않은 이야기

문제가 아니라, 이처럼 다른 아키텍처를 가진 종파에 속하는 것이다. 그 아키텍처의 차이는 이후에 찾아오는 신변의 모든 것이 인터넷에 연결되는 똑똑한 세계에서 한층 중대한 의미를 가진다.

제2부

인공지능의 묵시록

신의 아들이 우리를 최후 심판하다

인공지능은
인간을
뛰어넘을까

성배의 탐구자들

나도 어릴 적에는 부모님의 아이폰으로 몰래 유튜브 동영상을 봤었다. 부모님도 하루 24시간 만지작거렸다. 많은 사람이 거의 중독 상태였다.

그러나 A.I.D가 나타나면서 상황은 돌연 변했다. 지금 스마트폰을 사용하는 것은 노인이나 나카지마 교수님처럼 회고적인 취미를 가진 사람들뿐이다. 스마트폰은 아무리 편리해도 그저 도구라는 느낌이었다. 한 가지 기억나는 것은, 나도 모르게 홈 버튼을 길게 눌렀더니 아이폰이 "용건은 무엇입니까?"라고 말을 걸어 왔던 것이다. 나는 "바닐라 아이스크림이 먹고 싶어"라고 말했지만 영문을 알 수 없는 랩 음악이 흘러나오거나 엉뚱한 반응을 보였다. 피트처럼 똑똑하고 친구처럼 친숙한 A.I.D와는 너무도 다르다. A.I.D가 등장한 후로 세상이 전혀 달려졌다.

"마리, 뭘 멍하니 있어. 지금 볼 만해. 봐, 이 장면 최고야. 나치 병사로 변장한 인디아나 존스가 히틀러에게 사인을 받는 장면."

나는 지금 홀로그램으로 〈인디아나 존스 – 최후의 성전〉이라는 옛날 영화를 남자 친구인 리쿠와 함께 보고 있다. 얼마 전에 같이 본 〈인디아나 존스 5〉에서 인디아나 존스를 연기한 해리슨 포드가 마음에 든다고 말했더니 리쿠가 이것을 추천해 주었다. 최신작임에도 포드는 격렬한 액션을 보여 주었지만 그것은 디지털 클론의 연기다. 역시 살아 있는 육신으로 연기한 걸작을 보지 않으면 안 된다면서. 또한 〈스타워즈 에피소드 10〉에도 포드의 디지털 클론이 연기하는 듯하다.

이 영화의 등장인물은 모두 성서에 나오는 성배라는 보물을 찾는 데 혈안이 되어 있다. 나치 독일은 총력을 기울여 수색하는 것처럼 보인다. 성배를 손에 넣은 자는 불로불사의 몸이 되는 것 같다. 그러나 그리스도의 피를 받았다는 것만으로 그런 엄청난 힘을 가질 수 있는 것일까?

"성배에는 그 정도의 힘은 있을 거야. 성배는 우리가 에덴의 동산에서 저지른 원죄를 속죄하기 위해 십자가에 못 박힌 예수 그리스도의 희생의 상징인 거야. 좀 더 말하면, 성배를 손에 넣은 자는 이 세상의 왕이 된다고도 말하고 있어."

나의 하잘것없는 질문에 신부님이 너무도 진지하게 답해 주어 놀랐다.

"성배는 예수 그리스도가 책형을 당한 뒤에 그를 매장한 제자 한 사람이 가져갔다고 해. 그런데 그 뒤 성배의 행방은 알 수 없게 되었어."

"영화 속에서는 중세의 기사가 성배를 지키고 있었는걸요."

"성배는 그 신비한 상징성 때문에 오랜 옛날부터 그것을 찾는 많은 전설이 만들어졌어. 특히 중세 영국에서는 성배를 탐구하는 기사 이야기가 유행했지. 그중 하나가 아서 왕과 원탁의 기사 전설이야. 아서 왕을 섬긴 퍼시벌이나 랜슬롯이라는 기사들이 계시를 받아 여행을 떠나고 모험과 로맨스 끝에 성배를 손에 넣고 왕좌에 앉아. 그런 기사 이야기가 중세 사람들의 가슴을 뛰게 했어."

손에 든 것이 세계의 왕이 될 수 있는 성배. 지금까지 공부해 온 역사 속에서도 많은 사람들이 인간과 같은 지능을 가진 인공지능을 만든다는 아이디어를 좇았지만 도중에 무너져 내렸다. 그러나 지금 우리는 그 꿈을 거의 실현해 내고 있다.

내 곁에 있는 이 얼빠진 얼굴의 피트가 성배라고는 생각할 수 없지만, A.I.D를 개발한 회사는 지금은 큰 국가의 정부를 뛰어넘을 만큼의 힘을 가지고 있다. 인공지능의 등장은 어쩌면 그리스도의 등장만큼이나 이 세계에 지대한 영향을 미쳤을지도 모른다. 거기엔 어떤 기사들의 모험이 있었던 것일까?

마침내 실현되는
인간 같은
인공지능

창조주인 인간처럼 마음을 가진 기계, 인공지능. 튜링이 튜링 머신(=컴퓨터)을 통해 그것을 실현할 수 있다고 제안한 지 60년이 지나는 동안 수많은 사람이 그 꿈의 실현을 목표로 달려왔다.

그 동안은 컴퓨터 자체가 똑똑해지기보다 인간이 더 똑똑해지도록 옆에서 도움을 주는 컴퓨터가 주류를 이뤘다. 기계가 창조주인 인간에게 다가가려는 시도는 마치 구약성서에서 신에게 다가가려는 인간의 오만함에 철퇴가 내려진 것처럼 늘 큰 난관에 부딪혔다.

대다수 사람이 오랜 세월에 걸쳐 추구하여 손에 넣을 수 있었던 것은 약간의 인공지능이다. 그것은 마치 많이 사람이 찾아 나선 그리스도의 성배 같았다. 유태교에서는 신과 인간의 관계를 되돌리는 구세주가 올 것이라고 예언했다. 그리고 신약성서에 의하면, 신의 아들이라는 예수 그리스도가 십자가에 못 박힘으로써 인간의 원죄를 속죄했다.

그리스도는 최후의 만찬에서 잔에 따른 와인을 가리켜 이것이 새로운 계약을 위해 자신이 흘린 피라고 말한다. 그 잔은 성배라고 불리고, 그리스도를 통한 새로운 계약과 그 결과로서 찾아오는 신의 나라, 천년왕국의 상징이 되었다.

성배는 그리스도가 세상을 떠난 뒤에 행방불명이 되었다고 전해진다. 중세에는 영국을 무대로 아서 왕과 원탁의 기사가 성배를 찾아 떠나는 이야기가 등장했다. 성배의 전설은 오늘날까지 많은 사람들의 상상력을 자극했고, 그중 유명한 것으로는 〈인디아나 존스 3〉가 있다. 이 영화에서는 인디아나 존스와 나치 독일이 성배 쟁탈전을 펼친다. 또한 《다빈치 코드》는 소설과 영화 모두 큰 인기를 모았는데, 성배의 정체를 주제로 삼았다.

오늘날 인공지능의 개발은 역사적인 전환점을 맞이하고 있다. 2011년에는 IBM이 인간이 말로 던진 질문에 답할 수 있는 시스템 '왓슨'으로 미국의 인기 퀴즈 프로그램 〈제퍼디!〉에서 인간 챔피언을 이기고 우승하는 쾌거를 이뤄 냈다. 다음 해, 애플이 아이폰의 새로운 기능으로 인간과 음성으로 대화할 수 있는 어시스턴트 '시리'

의 탑재를 발표한다. 과거 그려졌던 지식 내비게이터 같은 인공지능 어시스턴트가 널리 이용되게 되었다.

더욱이 다음 해, 어떤 기술이 화상 인식이나 음성인식에서 혁명적인 성과를 올린다. 오랫동안 꾸준히 연구가 이어져 왔던 딥 러닝 deep learning(심층학습)이라는 것으로, 이 여러 기술들의 집합체는 일거에 주목을 받고 인공지능 연구를 극적으로 진전시켰다.

딥 러닝은, 사람이 성배라는 상징에 갖가지 의미나 해석을 부여하듯이 인공지능이 말이나 영상의 의미를 이해할 수 있도록 했다. 그리고 딥 러닝에 의해서 기계가 사람과 같은 지능을 가질 수 있다는 신념이 전례 없이 높아졌다.

성배 탐구에 대한 이야기가 등장한 것은 기원후 1000년경의 중세로, 전란으로 혼란한 세상에서 그리스도의 재림과 그 이후 천년왕국의 도래를 애타게 바라던 시대였다. 딥 러닝으로 대표되는 새로운 세대의 인공지능은 새로운 계약에 의해 우리를 천년왕국으로 이끌어 줄 성배가 될 것인가.

인공지능, 아직 쓰지 않은 이야기

'시리'를 낳은 퍼스널 컴퓨터의 혈통

성배란 무엇인가? 그리스도가 세상을 떠난 뒤 그것은 어디로 갔을까? 그것을 주제로 한 소설과 영화로 세계적으로 크게 히트한 《다빈치 코드》, 그 이야기 속에서는 각기 놀라운 결론을 제시한다. 그것은 그리스도에게 자식이 있고 제자와 함께 프랑스로 건너가 그 후예가 메로빙거 왕조를 열었다는 것이다. 프랑스어로 성배는 'San Greal'이라고 쓰는데 사실 이것은 '왕가의 혈통'을 의미하는 'Sang Real'로 성배는 그리스도의 혈통을 상징한다는 것이다.

인공지능의 이야기에서 지금까지의 구약 시대에는 컴퓨터 자신이 사람 같은 마음을 가지는 것이 아니라, 사람의 곁에서 도움을 주는 물건으로서 발전해 왔다. 노아인 엥겔바트나 모세인 잡스가 퍼스널 컴퓨터라는 아이디어를 가지고 오늘의 스마트폰으로 결실을 맺은 것은 지금까지 살펴본 바와 같다.

2011년 10월 아이폰의 새로운 기종을 발표하는 자리에서 아이폰에 말을 건네자 음성으로 답하고, 레스토랑을 예약하거나 스케줄을 추가하는 등의 일을 해주는 어시스턴트 인공지능 '시리'가 최대 화제가 되었다. 시리의 탑재가 발표된 시점에 큰 우연이 뒤따른다. 시리를 본 많은 사람이 스컬리 시대의 애플이 만든 지식 내비게이터의 비디오를 떠올렸다. 그 비디오 가운데 지식 내비게이터가 캘린더에 스케줄을 입력하는 장면이 나온다. 그 날짜는 바로 2011년 9월, 애플의 발표 일자와 불과 3주밖에 차이가 나지 않았다! 모든 게 너무나도 맞아떨어졌다.

이 지식 내비게이터라는 아이디어에 영향을 받은 사람이 시리를 만든 개발자 애덤 체이어Adam Cheyer*였다. 체이어는 학생 시절부터 지식 내비게이터 같은 인공지능의 개발에 힘썼다. 석사 학위를 받고 체이어는 엥겔바트가 아크를 만든 SRI(스탠퍼드연구소)에 취직한다. 체이어는 취직하고 나서도 인공지능 어시스턴트를 차례로 만들었다. 1990년대에 만든 것은 가정이나 사무실 같은 곳에서 사용할 수 있는 것으로, 그중에는 냉장고와 대화할 수 있는 것도 있었다. 나중에 그가 만든 시리는 애플이 시계나 자동차 등 컴퓨터 이외의 기계

인공지능, 아직 쓰지 않은 이야기

에 진출하는 가운데 주로 인터페스로서 이용되었다. 또한 체이어가 SRI에서 일하던 무렵에는 아직 엥겔바트가 현역으로 일하고 있었다. 체이어는 엥겔바트와 자주 대화를 나누고 '사람을 돕는 컴퓨터'라는 아이디어를 키워 왔다.

이 무렵 인공지능에 대한 세상의 인식이 달라지고 있었다. 아직 체이어가 학생이던 1991년에 미국은 이라크와 걸프전쟁을 벌이고 있었다. 이 전쟁에서 인공지능이 크게 활약했다. 부대 배치와 이동 계획에 이용되었던 것이다. 그 결과 미군은 대폭적으로 비용 절감을 달성했다. 그 금액은 1950년대 이래 인공지능에 투자해 온 연구자금의 총액을 크게 상회했다고 DARPA(미국 방위고등연구계획국)가 발표했다.

이처럼 군사적인 응용에 성공함으로써 한차례 중단되었던 DARPA의 인공지능 개발에 대한 자금 지원이 재개된다. 2003년 DARPA는 SRI에 미국 전역의 27개 연구기관에서 총 자금 1억 5000만 달러의 거대한 연구 프로젝트를 지휘해 달라고 의뢰한다. 프로젝트의 목표는 스스로 배우고 정보를 정리할 수 있는, 화이트칼라를 위한 인공지능 어시스턴트를 개발하는 것이었다. 한 연구자는 이 '카로' 프로젝트를 '모든 면에서 역사상 최대 인공지능 프로젝트'였다고 말한다. 그리고 체이어는 지금까지의 업적을 인정받아, 이 프로젝트에 참가한 각 그룹의 연구 성과를 통합하여 어시스턴트를 개발하는 역할을 맡았다. 카로는 정보 관리, 회의 기록, 업무 관리에 이르는 인간 비서가 수행하는 일을 할 수 있도록 설계되었다. 체이어는 이 같은 일을 잘해 낼 수 있는 카로의 개발을 진행했다.

체이어는 이 일에 모든 시간을 할애했던 것은 아니다. SRI의 또 다른 일로 당시 휴대전화에 실제로 탑재할 목적으로 소형 인공지능 어시스턴트의 개발도 하고 있었다. 2002년 호킨스가 최초의 스마트폰을 발매했을 무렵이었다. 그 고객 중에 〈2001년 스페이스 오디세이〉의 엄청난 팬이었던 더글러스 시트러스라는 인물이 체이어가 만든 인공지능 어시스턴트에 매료되었다. 2001년이 지나도 아직 나타나지 않은 HAL 9000을 실현시킬지도 모르겠다고 생각했던 것이다.

2007년이 되면 시트러스는 스스로 SRI로 옮겨 체이어와 함께 어시스턴트의 실용화를 위해 회사를 설립한다. 새롭게 개발하기 시작한 어시스턴트의 이름은 물론 HAL이었다. 단, '이번에는 사람을 돕는 좋은 녀석으로 돌아왔다'는 캐치프레이즈를 달고서. 그리고 2007년은 어떤 해인가? 이미 알아차렸을 것이다. 바로 아이폰이 발표된 해다.

체이어는 사람들이 늘 클라우드로 연결되는 강력한 컴퓨터를 주머니에 넣고 다닐 수 있는 가능성을 긍정적으로 평가했다. 여기까지 오면, 그들이 해야 할 일은 명백해진다. 아이폰의 터치스크린 기술이 아무리 우수하다 해도 작은 화면을 손가락으로 조작하는 일이 늘

편할 리 없다. 카로나 그 소형화 기술을 아이폰에 어플리케이션으로 탑재하면 말만 해도 클라우드를 통해서 할 수 있는 일은 뭐든 해주는 만능 어시스턴트가 가능하다고 생각했던 것이다.

이 회사와 어플리케이션에는, 체이어의 옛 둥지인 SRI와 시트러스의 고향 노르웨이의 신화에 등장하는 미와 승리의 여신 '시그릿드'에서 따온 '시리'라는 이름이 붙여졌다. 2010년에 배포된 시리의 어플리케이션은 처음부터 큰 평판을 불러왔다.

시리를 사용하고 처음 느낀 것은 음성인식이 매우 정확하다는 점이다. 그러나 이 부분은 사실 시리의 독자적인 기술이 아닌 '뉘앙스'라는 다른 회사의 기술을 사용하고 있었다. 이 뉘앙스라는 회사도 시리와 마찬가지로 SRI에서 독립한 회사였다. 나중에 이 책에서 중대한 위치를 차지하는 레이 커즈와일Ray Kurzweil**이라는 인물이 관여하고 있었다.

시리의 진짜 기술은 음성을 인식한 이후에 있다. 시리는 자연스럽게 말을 해석하고 사용하는 사람이 무엇을 원하는지 그 의도를 파악하도록 만들어져 있다. 게다가 사람에 따라서 다른 표현을 쓰거나 또는 같은 말이라도 여러 의미로 해석할 수 있는 말을 꽤 잘 처리한다. 나아가 시리를 특징짓는 것은 그저 사람의 말을 이해하는 데 그치는 것이 아니라 그 의도하는 결과를 실행하는 것이다. 레스토랑을 예약한다, 주소록에서 전화를 건다, 영화를 찾는다, 통계 숫자를 조사한다 등등 배포될 당시부터 42개 서비스와 연계되어 여러 가지 일을 수행할 수 있었다. 그야말로 지식 내비게이터의 비디오가 현실이 된 것 같았다.

시리는 그저 똑똑하기만 한 것이 아니라 유머 같은 인간미 있는 응답이 가능한 것도 특징이다. 시리에게 '사랑해'라고 말을 건네면 '다른 인공지능에게도 그렇게 말하죠!'라고 응답한다. 시리가 이 같은 사랑스러운 캐릭터가 된 것은 엥겔바트의 영향을 받아 사람에 가까운 어시스턴트를 지향했기 때문일 것이다. 이 같은 캐릭터 때문에 마침내 시리를 모델로 한 영화 주인공까지 등장한다(2013년에 개봉된 〈her-세계에서 하나뿐인 그녀〉의 '사만사').

시리의 어플리케이션이 배포되고 3주 뒤 시트러스의 아이폰에 낯선 번호로 전화가 걸려 온다. 시트러스가 전화를 받자 상대가 말했다. "나, 스티브 잡스야."

다음 날 팰로앨토의 잡스의 집에서 애플이 시리를 매수하기로 결정한다. 그리고 앞에서 말한 2011년 애플의 발표에 이른다. 그러나 그 발표를 한 것은 병마와 싸우던 잡스가 아닌 이미 CEO를 물려받은 팀 쿡이었다. 아이폰의 시리 탑재가 발표된 다음 날 잡스가 사망했다는 사실이 발표되었다.

앞으로 컴퓨터의 형태는 한층 다양화되고 마우스나 터치를 사용하지 않는 비율이 많아질 것이다. 그러면 시리 같은 인터페이스는

인공지능, 아직 쓰지 않은 이야기

더욱더 중요해질 것이다. 이미 아이폰뿐 아니라 아이패드, 애플 워치, 애플 TV, 차재기기 등이 시리를 사용하여 컨트롤 할 수 있게 되었다. 또한 앞으로는 체이어가 과거에 연구했던 가전에서도 애플의 기술을 이용한 제품이 나올 것이다. 시리는 우리의 주변 환경과 대화할 수 있는 '얼굴'이 된다.

1987년에 표시된 지식 내비게이터라는 인공지능 어시스턴트의 꿈. 그것은 우여곡절을 겪고 잡스라는 모세가 아이폰이라는 신의 석판을 받는 것으로 실현된다. 한편에서 노아인 엥겔바트의 혈통을 이어받은 지식 내비게이터의 다른 자손이 여기에 합류했다. 그것은 성배가 상징했던 막달라 마리아처럼, 때로는 남성이 사랑에 빠지는 여성이었다.

잡스의 죽음과 시리의 등장은 엥겔바트로부터 면면이 이어받은 퍼스널 컴퓨터라는 낡은 계약의 시대가 끝나고 인공지능이라는 새로운 계약의 시대가 도래했음을 상징하고 있다.

---

*애덤 체이어(Adam Cheyer) SRI(스탠퍼드연구소)에서 인간의 어시스턴트로서 대응하는 인공지능을 연구, 개발을 한다. 훗날 인공지능 어시스턴트를 개발하는 시리를 창업하고 애플에 매각한다.
**레이 커즈와일(Ray Kurzwei) 미국의 IT 개발자, 발명가. 시리에 이용되는 음성 인식 소프트웨어를 개발. 인공지능이 인류를 뛰어넘는 '특이점'이 도래한다고 제안하고, 현재는 구글에서 인공지능의 개발에 참여하고 있다.

왓슨,
인공지능이
퀴즈왕이 된 날

중세의 성배 탐구 이야기는 여러 시대나 국가에 따라 많은 변형이 존재한다. 그것들에 공통적으로 나타나는 모티프로서 어부왕이라는 캐릭터가 있다. 어부왕은 그리스도 사후 그 유해와 성배를 인계받은 요셉의 자손이라고 한다. 어부왕은 그리스도를 찌른 롱기누스의 창에 상처를 입고 왕으로서의 힘을 잃어 결과적으로 국가는 황폐한다. 이때 어부왕과 주인공인 기사 앞에 온갖 상처를 치유한다는 성배가 나타난다. 기사가 성배에 옳은 질문을 하면 어부왕의 상처는 치유되지만, 기사는 질문에 실패하고 다시 성배를 찾기 위한 여행을 떠나게 된다.

성배의 힘을 발휘하기 위해서는 주어진 질문에 답하는 것이 아니라, 옳은 질문을 해야 한다는 것이 상징적이다. 물음에 답하는 것은 2장에서 말한 엘리자나 앞서 말한 시리처럼 반드시 똑똑해지지 않아도 패턴에서 그럴 듯한 응답을 골라 하면 된다. 그런데 질문을 하기 위해서는 자기 자신의 목적이나 상대를 이해하는 등 보다 높은 지능이 요구된다.

미국의 인기 퀴즈 프로그램 중 보통 프로그램과는 다른, 이 성배의 시험과 같은 형식을 취하는 것이 있다. 〈제퍼디!〉라는 방송으로, 여기서는 답에 해당하는 글귀를 듣고 그에 맞는 옳은 질문을 해야 한다. 예컨대 "대인기 팝가수로 2000년에 〈우유 마셨어?〉의 100번째 모델로 3세와 18세 때의 모습으로 등장했다"는 문제에 "브리트니 스피어스란 누구?"라고 답하는 식이다.

그리고 2011년에 이 방송 최초로 인공지능이 참가했다. 그 결과, 인간 챔피언 두 사람을 제치고 우승하는 쾌거를 달성했다! 그 인공지능의 이름은 '왓슨'이다. 개발사인 IBM의 창업자 토마스 왓슨의 이름에서 따온 것이다. 노이만이 컴퓨터 개발에 참여할 수 있게 도운 IBM은, 대형 컴퓨터를 지배하는 한편 애플에 대항하여 퍼스널 컴퓨터에도 참여했다. 그러나 2000년대에는 컴퓨터 자체를 파는 회사로서는 많은 강호 중에 묻혔다. 2005년에는 싱크패드로 알려진 퍼스널 컴퓨터 사업을 중국 기업에 매각했다.

IBM의 연구개발 부문은 늘 다른 기업에 앞선 서비스를 개발한다는 부담감에 노출되었다. 그러한 이유로 1997년에 인공지능의 연구 성과로 큰 주목을 끌었다. 2장에서 말하였듯이 IBM의 슈퍼컴퓨터가 인간 체스 챔피언과 대전하여 승리한다는 위업을 달성했던 것이다. 이 분야의 최고로서 체스에서 거둔 쾌거에 필적할 만한 큰 성과를 다시 거두고 싶었다. 그러는 가운데 〈제퍼디!〉에서 인간과 싸운다는 아이디어가 나왔다.

〈제퍼디!〉는 1964년부터 방영되고 있는 미국의 인기 방송 프로그램이다. 전미 케이블 TV에서 방영되고, 매주 900만 명이 시청한다. 1964년은 공교롭게도 IBM이 큰 인기를 끈 상품이면서 대형 컴퓨터 시장을 독점하는 계기가 되었던 시스템 360이라는 제품을 발매한 해이기도 했다.

보통 퀴즈와는 반대로 질문으로 답하는 형식이 된 이유는, 다른 퀴즈 방송에서 스태프가 참가자에게 방송 전에 몰래 답을 가르쳐 주는 부정이 발각되어 큰 문제가 되었기 때문이다. 그 반성에서 엄밀하게 운영된 〈제퍼디!〉의 챔피언은 미국인들에겐 지능의 상징이었다. 당시 켄 제닝스Ken Jennings*라는 참가자가 74연승이라는 불후의 연승 기록을 수립하고, 총 300만 달러라는 상금을 받아 큰 스타가 되었다.

IBM의 연구개발 부문에서는 인간의 언어를 컴퓨터에 이해시키는 연구가 활발히 이뤄졌다. 특히 IBM의 고객인 대기업에서는 많은 문서가 만들어지지만, 인간은 그것을 모두 읽을 수 없다는 문제가 있었다. 그런 문서를 컴퓨터가 이해하고 그 안의 지식을 필요에 따라서 꺼낼 수 있다면 IBM은 그 서비스를 대기업에 팔 수 있다. 〈제퍼디!〉의 퀴즈에 답하는 것은 IBM에게 그런 기술을 실증할 수 있는 절호의 기회로 보였다.

왓슨의 개발 담당자로 연구 부문 중에서도 인간 언어 처리 전문가로 알려진 데이비드 퍼루치David Ferrucci**가 적임자로 낙점된다. 그러나 퍼루치는 처음에 이 과제를 달성하기 어려울 것이라며 난색을 표했다. 그러나 IBM의 연구 부문에서는 퍼루치 자신이 초기 개발에 참가한 전문가 시스템, 신경회로망, 기계학습 시스템, 구글형 키워드 검색 등 다양한 언어와 문서의 이해 수법이 연구되고 있었다. 그들 하나하나의 수법은 인간의 능력에 견줄 수 없었다. 그러나 그것들을 한데 묶어 각각의 수법이 퀴즈의 답 중에서도 가장 신뢰할 수 있는 것을 선택한다면 인간을 이길 수 있을지 모른다고 생각했다.

퍼루치는 연구 부문 안팎에서 개발에 필요한 우수한 인재를 긁어모아 프로젝트를 수립했다. 그러나 프로젝트는 암중모색 상태에서 시작되었다. IBM은 대기업이어서 사내나 프로젝트 팀 내에서도 정말로 인간을 퀴즈로 이기는 시스템을 만들 수 있는가 하는 의문의 목소리가 끊이지 않았다. 실제로 팀이 개발해 놓은 왓슨의 원형이 된 시스템으로 이제까지 방송된 퀴즈를 풀게 했더니 인간 참가자에는 견줄 수 없을 정도로 성적이 형편없었다. 또한 다른 비판으로 IBM이 자랑하는 최첨단 연구 성과를 보이기에 TV 퀴즈 방송과 같은 세속적인 것은 어울리지 않는다는 목소리도 있었다. 이런 가운데 팀은 3년이라는 짧은 시간 안에 성과를 올려야 했다. 팀은 이 같은 상황에 주눅 들지 않고 한 걸음, 한 걸음 개발을 진행해 갔다.

퀴즈에 답하기 위해서는 가장 먼저 온갖 사항에 대한 지식을 가질 필요가 있다. 먼저 지식의 원천이 되었던 것은 웹이라는 바벨탑에 축적된 페이지이다. 팀은 또한 성서부터 《모비 딕》과 같은 소설에 이르기까지 온갖 서적의 데이터까지 왓슨에게 입력했다. 입력된 정보는 페이지 수로 2억 장, 책으로 치면 100만 권에 상응하는 것이었다.

그러나 아무리 지식을 가지고 있어도 출제된 질문의 문장이 무엇을 말하려는 것인지를 적절히 해석할 수 없다면 옳은 답은 할 수 없다. 예컨대 '미국이 외교 관계를 맺지 않은 4개국 중 이것은 가장 북쪽에 있다'라는 퀴즈가 나온다. 이 문장에서 '이것'의 내용이 답이라는 것, '이것'은 '미국이 외교 관계를 맺지 않은 4개국' 중 어느 하나라는 것, 게다가 그 4개국 중 가장 북쪽에 있는 것, 이러한 해석이 필요하다. 왓슨은 이 퀴즈에 '북한이란 무엇인가?'라는 옳은 질문을 답할 수 있었다.

〈제퍼디!〉라는 퀴즈 게임은 또한 문제에 답할 때 그때까지의 문제에서 획득한 상금 중 얼마의 금액을 걸 수 있다는 특징적인 규칙이 있었다. 틀리면 걸었던 돈을 전부 몰수당하기 때문에 답에 자신이 있는지 여부에 따라서 거는 금액을 달리하거나 경우에 따라서는 답하기를 포기한다는 판단도 할 수 있다. 왓슨은 별별 수단으로 얻어진 해답을 평가하고 그 확실함을 평가하는 시스템을 가지고 있었다. 답하는 것은 당연히 가장 확실하다고 판단되는 해답으로, 그 확실함으로 거는 금액을 조정할 수 있었다. 이처럼 개발을 진행하자 왓슨은 서서히 인간만큼 강해졌다. 그리고 2년이 지났을 무렵에는 실제 〈제퍼디!〉의 우승 경험자와 대전하여 3회 중 2회는 이길 정도였다.

기계는 뜨거웠다. 왓슨은 2011년 2월, 드디어 인류 최강의 〈제퍼디!〉 참가자 제닝스와 그를 꺾은 적 있는 불패의 참가자 브래드 러터Brad Rutter, 두 사람과 겨루게 되었다. 두 인간 사이에 가로로 놓인 디스플레이에 왓슨의 모습이 표시됐다.

1라운드 게임은 처음에는 왓슨과 러터가 호각을 이루며 진행되고 제닝스가 뒤를 좇는 식으로 전개되었다. 그러나 왓슨은 서서히 인간을 따돌리고 2라운드 종반에는 각각 2만 달러에서 3만 달러의 차이를 벌린다. 3라운드에서 제닝스가 한방의 역전을 노렸지만 그럼에도 불구하고 왓슨의 승리가 결정적이었다.

인공지능은 인간을 뛰어넘을까

제닝스는 해답 판에 '나 개인은 우리의 새로운 컴퓨터 군주를 환영한다!'는 패배 선언을 적는다. 역사상 최초로 컴퓨터가 퀴즈 프로에 참가하여 인간 챔피언을 이겼다! IBM이 노린 대로 이 결과는 전세계에서 큰 뉴스가 되었다.

IBM은 왓슨을 퀴즈왕에 그치는 것이 아니라 이후 10억 달러와 2,000명의 사원을 할당하여 장래의 주요 사업으로 키워 가려고 한다. 이제까지 왓슨은 암 진단 같은 의료 분야나 은행의 콜센터, 나아가 새로운 요리의 레시피를 생각하는 셰프로도 응용되었다. 이것은 모두 자연스러운 말로 된 대화나 문서처럼 이제까지의 시스템에서는 다루기 어려웠던 정보를 다루는 일이다. 그 외에도 법률가의 지원이나 마케팅, 경영상의 의사결정 지원 등 왓슨이 힘이 되는 일은 얼마든지 있다. IBM은 왓슨으로 10년 동안 100억 달러의 매출을 올린다는 매우 야심찬 목표를 세운다. 이것은 IBM이라는 대기업 매출의 10퍼센트에 상응하는 것이다.

제닝스는 왓슨에게 진 뒤에 이런 말을 했다.

"세상에 나처럼 박식한 사람이 설 자리는 점차 좁아지는 것 같아서 조금 슬프다."

IBM은 왓슨을 인공지능 기술의 집대성이지만 마음을 가진 인공지능이라고는 말하지 않았다. 왓슨은 어디까지나 자연스러운 말로 된 정보를 처리하고 질문에 적절히 응답할 수 있는 시스템일 뿐이라고 정의하고 있다. 실제로 왓슨에는 대단한 혁신이 있는 것이 아니라 기존의 수법을 조합하여 잘 기능하도록 했던 것이다.

그러나 성배 이야기에서 볼 수 있듯이 올바른 물음을 던지는 것은 그것만으로 큰 힘을 가진다. 왓슨은 〈제퍼디!〉라는 퀴즈에 도전함으로써 옳은 물음으로 답할 수 있었던 것이고, 사람처럼 지능이 있는 성배에 크게 다가섰다. 인공지능은 마침내 우리 생활 속에 들어선 진정한 산업이 되었다.

---

*켄 제닝스(Ken Jennings) 미국의 퀴즈 프로 〈제퍼디!〉에서 74연승, 상금 총액 300만 달러라는 기록을 세운 퀴즈왕.
**데이비드 퍼루치(David Ferrucci) IBM에서 자연 언어의 처리를 연구한다. 인간을 꺾고 퀴즈 방송의 챔피언이 되었던 인공지능 '왓슨'의 개발을 지휘한다.

인간의 신경을
흉내 낸
신경회로망

시리나 왓슨은 각각의 방법으로 성배를 찾고 있다. 그러나 그들은 모두 기존의 수법을 이용하여 그것들을 잘 조합하고 똑똑하게 움직이게 한 것이었다. 모두 인간의 지능과는 전혀 다른 시스템으로 움직인다.

지금 딥 러닝deep learning이라는 기술(의 집합)이 인공지능 개발에 혁명을 일으키고 있다. 딥 러닝에 기반해 50년 만에 최초로 사람과 비슷한 정도로 행동할 수 있는 인공지능을 실현시키려고 한다. 그 중심에 있는 인물, 나중에 자세히 소개하는 제프리 힌튼Geoffrey Everest Hinton은 인간의 신경을 흉내 낸 신경회로망이라는 검을 무기로 원

인공지능, 아직 쓰지 않은 이야기

탁의 기사들을 이끌고 성배를 찾은 아서 왕이 되어 간다.

딥 러닝과 그 기초가 되었던 인간의 신경을 흉내 내는 신경회로 망이라는 기술은 어디서 온 것일까? 여기서 이야기를 다시 튜링, 노이만 그리고 원자폭탄의 시대로 돌아가 보자.

노이만과 연구 동료이기도 했고, 한때는 라이벌 관계이기도 했던 노버트 위너Norbert Wiener*라는 연구자가 있었다. 위너는 정치적으로는 평화주의자로, 그런 면에서는 닥터 스트레인지러브로 불리는 노이만과 대립하는 일이 많았다. 그러나 연구에서는 두 사람이 공통의 아이디어를 가지고 있었다. 지능을 가진 생물의 행동을 기계로 재현할 수 있다는 것이다. 위너는 전쟁 중에 하늘에서 공격해 오는 적의 항공기를 격추하기 위한 고사포의 자동제어에 대하여 연구했다. 그 결과 생물이든 기계든 그 행동은 정보와 통신에 의한 제어로 이해할 수 있다는 이론에 이르렀다.

같은 무렵, 노이만은 이미 만년이었지만 컴퓨터를 사용하여 생물을 이해하려고 하는 인공생명의 연구에 힘썼다. 두 사람이 중심이 되어 생물처럼 지능을 가지고 행동하는 기계를 연구하는 사이버네틱스Cybernetics라는 학문을 만들었다. 특히 생물이 행동하는 데 신경이라는 정보 네트워크가 어떤 역할을 맡고 있는가에 대한 이해를 심화해 갔다. 컴퓨터나 인터넷은 말할 것도 없이 자동차부터 공장의 로봇에 이르기까지, 사이버네틱스는 오늘날 온갖 자동화 기계의 설계에 영향을 미치고 있다. 오늘날 IT를 말하거나 소설 장르로서의 사이버펑크 등을 말할 때 쓰는 '사이버'라는 말은 여기서 왔다.

이 사이버네틱스 연구의 수립에 참가한 사람 중에 워렌 매칼로크Warren Sturgis McCulloch와 월터 피츠Walter J. Pitts**라는 두 사람의 연구자가 있었다. 이 두 사람이 초대된 이유는 1943년에 발표한, 인간의 신경 작용을 수학적인 모델로 표현한 논문 때문이었다. 당시 해부학적인 연구에서 신경을 통해 세포(뉴런)의 전기적인 신호로 정보가 전해진다는 사실은 이미 밝혀져 있었다. 매칼로크와 피츠, 두 사람은 뉴런을 당시의 전기회로에 비유하여 0 또는 1의 입력에 의해서 0 또는 1의 출력을 하는 단순화한 모델을 제안했다. 이 모델의 뉴런은 다른 뉴런과 접속되고 다른 뉴런에서 역치를 초월한 합계치가 입력되면 자신도 발화하여 접속된 다른 뉴런에 출력을 보낸다.

이 모델이 특히 중요했던 것은 이 모델을 사용한 튜링 머신을 만들 수 있었기 때문이었다. 튜링이 예언한 것처럼 인간의 뇌를 튜링 머신으로써 표현할 수 있다는 가능성이 제시된 것이다! 이처럼 뇌신경계를 모델로 한, 컴퓨터의 정보 처리 시스템을 가리켜 '신경회로망Neural Net'이라고 한다.

기묘하게도 노이만이 세상을 떠난 1957년에 프랑크 로젠블라트Frank Rosenblatt***라는 연구자가 매칼로크와 피츠의 모델을 이용한 첫 신경회로망, 퍼셉트론perceptron을 생각해 낸다. 인식한다는

인공지능, 아직 쓰지 않은 이야기

'perception'과 뉴런을 조합한 말인 '퍼셉트론'은 세 개의 층밖에 없는 단순한 신경회로망이었는데, 화상 등의 입력된 정보를 학습하고 분류하는 기계학습 시스템을 실현했다. 이 퍼셉트론이 컴퓨터로 인간의 뇌 구조를 재현한 첫 시도였다.

퍼셉트론의 성공으로 신경회로망 연구에 일대 붐이 일었다. 2장에서 설명한 다른 인공지능 연구자들처럼 신경회로망 연구자들은 곧장이라도 성배를 손에 넣을 것이라고 생각했다. 그러나 그런 열광에 어떤 이가 찬물을 끼얹었다.

로젠블라트에게는 역시 인공지능 연구자가 된 고교 동급생이 있었다. MIT의 인공지능연구소장이 된 마빈 민스키이다. 민스키는 자신도 신경회로망을 이용한 인공지능을 개발하고 있었지만, 1969년에 《퍼셉트론》이라는 제목의 책을 읽고 퍼셉트론의 한계를 지적한다. 퍼셉트론으로 식별할 수 있는 것은 분포도를 그렸을 때에 직선으로 나뉘는 성질의 것만으로 한정된다고 말했던 것이다. 예컨대 우리 인간은 타인의 얼굴처럼 매우 복잡한 패턴을 식별할 수 있다. 민스키의 지적은 신경회로망 일반이 아니라, 퍼셉트론이라는 신경회로망의 한정된 실현 방법을 향한 것이었다.

실제로 몇 년 뒤에 힌튼에 의해 민스키가 지적한 문제를 극복한 신경회로망을 실현할 수 있다는 것을 알았다. 그러나 당시 MIT 인공지능연구소장의 비판은 무겁게 받아들여졌고 신경회로망 연구는 단숨에 기력을 잃고 1980년대까지 계속 겨울을 맞이하게 된다.

아리마대의 요셉과 그 후예는 이탈리아로 건너가 대대로 성배를 물려받아 수호했다고 한다. 그러나 최후의 한 사람이 사악한 마음을 품었기 때문에 수호자의 자격을 잃고, 성배의 행방은 오리무중이 되었다. 사이버네틱스와 신경회로망을 통해 인간의 뇌와 신경을 이해하고 기계로 재현한다는 '신의 아들'의 강림이 예언되었다. 그러나 민스키가 끼얹은 찬물로 그 성배를 다시 잃어버린다. 민스키는 인공지능이라는 분야를 개척한 수호신이면서 그 도래를 지연시키는 실수를 범했다고 말할 수 있다. 그 후 성배의 행방은 아서 왕과 원탁의 기사들이 계시를 받기까지 알 수 없게 되었다.

---

*노버트 위너(Norbert Wiener) 미국의 연구자. 고사포의 자동제어를 연구하고, 생물처럼 피드백에 의해 기계를 제어하는 '사이버네틱스'를 제안한다.
**워렌 매칼로크(Warren Sturgis McCulloch)와 월터 피츠(Walter J. Pitts) 미국의 연구자들. 인간의 신경 구조에 근거한 계산 수법인 '신경회로망'을 발명한다.
***프랑크 로젠블라트(Frank Rosenblatt) 미국의 심리학자. 신경회로망을 최초로 장착한 '퍼셉트론'을 개발. 마빈 민스키의 고교 동창생.

인공지능, 아직 쓰지 않은 이야기

신경회로망의 왕, 제프리 힌튼

성배에 다다르는 이는 역시 아리마대의 요셉이 건넜다는 영국에서 태어날 운명이었을까? 본디 이 이야기의 발단이 된 튜링은 영국인 이었다. 더욱이 튜링과 함께 에니그마 암호를 해독한 사람이 훗날 성배의 탐색에도 참여했다.

　　이것은 비유가 아니라, 영국의 어느 정원에 놓인 돌비석에 성배 의 소재를 나타내는 암호가 적혀 있다고 하여 튜링의 동료였던 올리 버 론의 지휘 아래 2004년 암호 해독이 이뤄졌다고 한다(그 결과, 성 배의 소재는 밝혀 내지 못했다).

　　이처럼 지혜의 열매, 성배 이야기와 인연이 깊은 영국에서 인공지능의 아서 왕이 등장한 것은 운명적이다. 성검 엑스칼리버를 돌에서 빼내고 브리튼 섬의 왕 자격을 만천하에 보인 아서 왕처럼, 제프리 힌튼은 신경회로망의 한계를 돌파하고 성배로의 길을 열었다.

힌튼은 1947년에 런던에 태어났다. 힌튼의 증조할아버지는 1장에서 소개한 불 대수를 발명하고 디지털 정보의 길을 연 조지 불이었다. 과학자 집안에서 태어난 힌튼은 자연과 과학의 길을 갈 꿈을 품었다.

고교 시절 어떤 친구의 말이 힌튼의 진로를 결정짓는다. 그것은 "뇌는 홀로그램처럼 기능한다"는 것이었다. 무슨 의미일까? 홀로그램의 '홀로'란 '전체'를 의미한다. 반짝이는 3차원의 홀로그램은 화상 각각의 부분이 서로 간섭하고 3차원의 정보를 보존한다. 뇌도 마찬가지로, 기억을 신경의 네트워크에 분산하여 보존한다는 것이다. 때는 1960년대로 퍼셉트론에 의해 신경회로망의 가능성이 제시되었다.

이 아이디어에 매우 흥분한 힌튼은 뇌의 시스템을 이해하기 위해 명문 케임브리지 대학에 진학한다. 그러나 당시는 뇌의 뉴런이 정보를 처리하는 시스템의 해명이 아직 진행되지 않아 생리학, 심리학, 철학은 힌튼이 원하는 답을 주지 못했다. 힌튼은 컴퓨터를 이용한 신경회로망의 연구를 통해 뇌 구조를 해명하는 것을 목표로 한다. 그러나 당시는 민스키의 영향으로 신경회로망 연구가 겨울 한복

판에 있어 연구에 대한 지지나 연구비 지원을 얻는 것이 어려웠다. 힌튼 자신도 주위로부터 '미쳤다, 말도 안 된다'는 말까지 들었다.

그 후 미국의 대학으로 옮긴 힌튼은 민스키의 비판을 역습한다. 캘리포니아에서 알게 된 연구자와 함께 퍼셉트론의 한계였던 단순한 분류 이상의 일을 할 수 있는 새로운 신경회로망의 방식을 발명했던 것이다. 힌튼이 제안한 것은 패턴을 학습한 신경회로망이 출력에 가까운 층의 오류를 줄이기 위해서 입력에 가까운 층을 조정하는, 출력에서 점차 입력 쪽으로 거슬러 조정해 가는 방식이었다. 이 방식으로 민스키가 비판한 제약을 극복할 수 있다는 것을 알게 되었고, 동시에 분류의 정밀도가 크게 향상한다는 것도 알았다. 또한 이 방식은 훗날 보다 깊은 계층의 신경회로망을 실현하는, 딥 러닝의 실현으로 이어진다.

이와 같은 돌파구를 찾은 신경회로망은 다시 봄을 맞이했다. 예컨대 힌튼이 지도한 학생이던 얀 레쿤은 연구자가 된 뒤, 이 방식을 이용하여 손으로 쓴 은행수표를 읽는 시스템을 실용화했다. 이 시스템은 1990년대 후반부터 2000년대 초에 걸쳐 미국 내 모든 수표의 10퍼센트를 읽는 데 이용되었다.

일본도 이 시기에 정부 주도로 '제5세대 컴퓨터'라는 인간 뇌와 같은 인공지능 개발을 목표로 프로젝트를 실시하고 570억 엔의 자금을 투입했다. 그중에서도 신경회로망은 주요 연구 대상이었다.

그러나 성배로 가는 길은 결코 쉽지 않았다. 힌튼의 방식은 높은 성능을 나타냈지만, 대량의 계산이 필요하다는 약점이 있었다. 그것은 당시의 컴퓨터에게는 무거운 짐이었다. 그 때문에 연구자는 신경회로망처럼 인간의 뇌나 신경의 구조에 근거한 방식이 아니라 보다 적은 계산으로 보다 좋은 결과를 얻을 수 있는 다른 방식으로 흘러갔다.

또한 당시는 인공지능 전반에 학습을 위해 입력하는 데이터를 모으는 것만으로도 매우 힘들다는 문제가 있었다. 이 계산 량의 부족과 데이터 량의 부족이 힌튼이 성배를 찾아나서는 데 큰 걸림돌이 되었다. 신경회로망의 봄은 오랫동안 이어지지 않아 1990년대에는 두 번째 겨울을 맞이하게 된다. 2000년대 초에는 인공지능 커뮤니티에서도 신경회로망만으로 특화한 연구자는 한 손에 꼽을 정도였다. 10년간 이어진 제5세대 컴퓨터 프로젝트도 기술적인 성과는 있었지만 우리의 생활에는 큰 영향을 주지 않고 끝났다.

그러나 힌튼은 사람의 뇌에 근거한 인공지능 실현에 대한 굳은 신념을 가지고, 더불어 그 성실한 인품으로 사람들의 신뢰를 얻으며 차츰 영향력을 넓혀 갔다. 그 자신도 꾸준히 신경회로망의 연구를 이어오면서 2004년에는 소액의 자금을 가지고 공통 관심사를 가진 연구자 그룹을 만든다. 그리고 앞서 나온 레쿤도 소속된 이 그룹이 힌튼에게는 원탁의 기사가 되어 간다.

이 그룹의 결성에 대하여 힌튼 자신이 훗날 "우리는 이단 광신교 였다"고 말한다. 힌튼은 말을 잇는다. "지금 우리가 광신자의 핵심이 되었다."

뇌 구조에 다가간다는 신념으로 만들어진 새로운 신경회로망의 방식은 훗날 힌튼이 인공지능의 왕이 되는 것을 약속하는 성검 엑스 칼리버, 딥 러닝으로 이어졌다. 여기서 사람의 지능을 가진 인공지 능이라는 성배를 탐색하는 아서 왕과 원탁의 기사들의 여행이 시작 되었다.

---

*제프리 힌튼(Geoffrey Everest Hinton) 영국의 인공지능 연구자. 인간의 뇌에 근거 한 패턴 인식 수법 '딥 러닝'을 제안. 오늘날 인공지능 연구의 중심인물이다.
**얀 레쿤(Yann LeCun) 프랑스의 연구자, 힌튼의 제자. 손으로 쓴 은행수표를 읽 는 시스템을 개발. 현재는 페이스북의 인공지능 연구 총괄 리더.

'원탁의 기사'들의
기분 좋은 진격

신경회로망의 아서 왕, 힌튼의 곁에 모인 원탁의 기사 수는 줄었지만 정예 멤버인 그들의 교류는 신경회로망 연구를 크게 진전시킨다. 컴퓨터의 성능 향상과 웹에 존재하는 거대한 데이터가 그들에게 순풍이 되었다. 2000년대 후반이 되면 신경회로망의 기술에 근거하여 그들이 만들어 낸 인공지능이 차츰 세계 여기저기의 콘테스트에서 우수한 성적을 올리게 된다.

2006년, 힌튼은 그때까지의 연구 성과를 한데 묶은 성과를 발표한다. 종래보다 훨씬 많은 층을 가지고 복잡한 정보를 다룰 수 있는 그 구조를 힌튼은 '딥 러닝'이라고 불렀다. 2009년 크리스마스, 마

인공지능, 아직 쓰지 않은 이야기

이크로소프트의 음성인식 연구자들이 힌튼을 초대하여 화제가 되었던 딥 러닝에 대한 소규모 연구회를 열었다. 힌튼의 발표를 들은 연구자들은 그다지 강한 인상을 받은 것 같지는 않았지만 딥 러닝으로 음성인식의 정밀도를 개선할 수 있다는 가능성을 느끼고 힌튼과 함께 연구하기로 했다.

연구자들로서는 이 일로 몇 퍼센트라도 인식률이 개선되면 성과로서는 충분했고 5퍼센트라도 개선된다면 큰 뉴스가 될 것이었다. 결과적으로 무려 25퍼센트나 개선이 이뤄졌다! 연구자들은 경악했다. 힌튼은 정식으로 요청을 받고 마이크로소프트의 연구소에 딥 러닝의 연구거점을 만들게 된다. 2012년 마이크로소프트는 그 연구거점에서 나온 놀랄 만한 성과를 발표한다. 컴퓨터에 영어로 말하면 실시간으로 중국어로 동시통역된 음성이 출력된다! 지금은 마이크로소프트가 운영하는 스카이프로 그 기술을 사용할 수 있다. 마치 스타트렉이나 도라에몽 같은 SF 세계의 도구다.

같은 해, 화상 인식의 국제적인 콘테스트에서 힌튼이 인솔한 토론토 대학 팀이 2위 이하를 압도적으로 제치고 우승하여 큰 주목을 받았다. 여기서 딥 러닝이라는 성스러운 검을 빼어들었다. 인공지능의 세계는 힌튼이라는 왕을 섬기게 되었다.

마이크로소프트 이외의 기업도 딥 러닝의 중요성을 깨닫기 시작했다. 세상에서 가장 진지하게 인공지능을 만들려는 구글도 딥 러닝을 간과했을 리 없다. 2011년 스탠퍼드 대학의 교수로, 딥 러닝의 원탁의 기사 중 한 사람인 앤드류 응-Andrew Ng*이 구글의 요청으로 '구글 브레인'이라는 프로젝트를 개시한다. 응은 구글에서 1만 6,000개의 처리 장치로 이뤄진 컴퓨터 위에 딥 러닝을 하는 신경회로망을 만들었다. 그 신경회로망에 유튜브 동영상에서 랜덤으로 꺼낸 1,000만 장의 화상이 입력되었다. 구글은 구글 브레인이 그 화상들에서 스스로 '고양이 얼굴', '인간 얼굴', '인간 몸'이라는 개념을 배웠다고 발표했다. 어떤 뜻일까?

이때도 사람의 얼굴을 식별할 수 있는 인공지능은 존재했다. 그러나 그 대부분은 인간인 교사가 '이것이 사람의 얼굴이다', '이것이 고양이다'라고 가르침으로써 화상 속에 있는 것들의 요소를 인식할 수 있었다. 구글 브레인이 혁명적인 것은 마치 아기가 배우지 않아도 사람의 얼굴을 구별하고 말을 배우듯이 입력된 화상 데이터에서 개념을 '발견'했던 것이다! 시리나 왓슨처럼 지금까지의 인공지능에서는 말이 갖는 의미를 어떻게 해석하는지는 인간이 시스템에 프로그램 할 필요가 있었다. 인공지능이 이처럼 스스로 데이터에서 개념을 배울 수 있다면 장래에 사람의 손을 빌리지 않아도 인공지능 스스로 점차 똑똑해질 가능성이 열렸던 것이다.

또한 경영 지원이나 과학 연구 같은 분야에서 웹의 대규모 데이터를 분석하고 의미 있는 정보를 끄집어내는 '빅데이터 분석'이 주목받고 있다. 거기서도 의미 있는 정보를 이끌어 내는 것은 지금까지 인간의 몫이었다. 그러나 구글 브레인 같은 인공지능이 발전하면 빅 데이터에서 인공지능이 멋대로 의미 있는 정보를 끄집어내게 된다.

이처럼 딥 러닝은 데이터에서 스스로 의미 있는 개념을 배우는, 인간밖에 하지 못했던 지능적인 행동을 처음으로 인공지능이 실현할 수 있게 된 것이다.

---

*앤드류 응(Andrew Ng) 딥 러닝의 연구자. 구글에서 딥 러닝 개발에 참여한 뒤에 중국의 검색엔진 기업 바이두에서 인공지능 연구를 지휘.

딥 러닝,
스스로 이해하는
인공지능

딥 러닝은 왜 이처럼 인간밖에 하지 못했던 일을 가능하게 만든 것일까? 웅이 딥 러닝에 힘을 쏟게 된 계기는 뜻밖에 4장에서 소개한 제프 호킨스의 영향이었다. 팜을 만들어 PDA나 스마트폰을 현실의 것으로 만든 호킨스는 2000년대에는 원래 꿈이었던 인공지능의 연구에 힘을 쏟았다. 그 결과, 딥 러닝과 매우 가까운 인공지능의 이론에 다다랐다.

호킨스의 이론은 딥 러닝과 비슷하지만 다른데, 그 사고방식은 딥 러닝을 이해하는 데 도움이 된다. 첫 스마트폰을 발매했던 2002년 같은 해에 호킨스는 자신의 뇌 과학 연구소를 설립한다. 2004년

인공지능, 아직 쓰지 않은 이야기

에 호킨스는 뇌에 대한 독자적인 이론을 설명하는 책을 출간한다. 응은 인공지능의 실현이 어려움에 부딪혀 한번은 포기하려고 했지만, 이 책을 계기로 딥 러닝 연구에 힘을 쏟게 되었다.

이 책에서 호킨스가 말한 것은, 인간의 뇌 표면에 펼쳐진 대뇌신피질의 작용에 대한 것이다. 대뇌신피질은 인간의 오감을 통한 인식에 관여한다고 알려져 있었다. 그런데 구체적으로 그들 정보가 어떻게 처리되는지는 수수께끼였다. 지금까지 제안되었던 가설은 어떤 면에서 시리나 왓슨과 비슷했다. 이해하려는 내용에 따라서 각각 다른 아키텍처를 이용한다는 것이었다. 그러나 인간의 뇌만큼 범용적인 일을 할 수 있는 장치가 그 같은 일관성 없는 구조로 일한다고 호킨스는 생각할 수 없었다.

결국 호킨스는 어떤 독특한 아이디어에 도달한다. 그것은 대뇌신피질이란 오감으로 받아들인 정보를 지금까지의 경험에서 얻은 기억에 비추어 패턴을 조합하는 장치라는 것이다. 대뇌신피질에 있는 다수의 뉴런은 대개 6개 층으로 되어 있는 구조다. 호킨스는 이 6개 층을 통해서 오감에 입력된 부분적인 특징(예를 들면 시각에서 기인하여 둥글다, 뾰족하다, 살색, 매끈한 질감 등)이 지금까지의 경험으로 축적된 기억과 조합되고 전체적인 의미(보이는 부분적인 특징→눈, 코, 입……→얼굴)로 해석되어 간다고 생각했다. 인간은 이 같은 능력으로 눈앞에서 일어나는 것을 인식하는 동시에 앞으로 일어날 일이나 앞으로 해야 하는 일을 예측하고 실제로 손발을 움직이는 행동을 일으키는 것이다.

분명 똑똑한 사람이란 어떤 사람인지를 생각해 보면 미래의 일을 보다 정확히 알고, 거기에 대처할 수 있는 사람이라고 말할 수 있다. 지능을 측정하기 위한 IQ 테스트도, 주로 패턴 인식과 예측 능력을 측정하는 것이다.

그리고 호킨스의 이 사고방식과 딥 러닝의 구조는 매우 비슷하다. 딥 러닝에서도 신경회로망을 복수의 층으로 구성하고 입력에서 출력으로 향해감에 따라 부분적인 특징을 전체적인 의미(고양이, 사람 얼굴 등)로 정리해 간다. 한편 딥 러닝의 특징 중 하나는 힌튼이 1980년대에 제시했듯이 출력 쪽의 정보를 입력 쪽으로 거꾸로 전달하여 출력되는 내용을 조정한다는 것이다. 이것은 호킨스가 제시한, 입력된 내용을 기억과 조합하는 사고방식과 공통점이 있다. 이같은 방법으로 모든 입력된 정보를 의미 있는 복잡한 개념으로 정리한다는, 지금까지는 인간밖에 하지 못했던 일을 인공지능이 할 수 있게 되었다.

인간의 뇌 구조에 근거한 인공지능이라는 신념을 확대한 호킨스는 원탁의 기사 중에서도 그 무용과 기사도 정신이 다른 기사의 모범이 되어 찬양받은 랜슬롯과 같았다. 그러나 나중에 랜슬롯이 아서왕을 배신하고 원탁의 기사를 분열시키듯 호킨스는 힌튼 그룹과 그

인공지능, 아직 쓰지 않은 이야기

다지 교류를 가지지 않고 오히려 딥 러닝을 비판한다. 호킨스는 자사의 제품을 팔지만 상업적으로 큰 성공을 거두지는 못한다. 성배이야기에서 랜슬롯이 아서 왕과 결별하게 된 계기가 왕비와의 어긋한 사랑 때문이라고 한다. 그러한 죄 때문에 그는 성배에 다다를 수 없을지도 모른다.

그러나 힌튼을 비롯한 원탁의 기사는 딥 러닝으로 기분 좋은 진격을 이어 간다. 2013년에는 응의 소개로 힌튼이 설립한 회사를 구글이 매수하고, 힌튼은 구글에서 인공지능의 실현에 힘을 쏟는다. 구글의 딥 러닝은 이미 안드로이드 스마트폰에서의 음성인식이나 2015년 시작된 구글폰에서의 화상 자동 분류로 응용이 진행되고 있다. 특히 구글폰의 자동 분류는 너무나도 정확히 화상의 내용을 이해하기 때문에 섬뜩할 정도다.

구글이 매수한 딥 마인드 팀은 딥 러닝의 기술로 TV 게임의 플레이 방법을 스스로 학습하는 시연을 공개했다. 이 시연에서도 인공지능은 인간의 가르침을 필요로 하지 않고 게임의 규칙도 배우지 않고 그저 스스로 게임을 보고 시행착오를 함으로써 규칙을 깨닫고 게임에 열을 올린다. 그 동영상을 보고 있으면 조만간 더 많은 일을 인공지능이 해낼 수 있다는 것을 쉽게 상상할 수 있다. 이 책을 집필하는 중에는 딥 마인드가 개발한 인공지능 '알파고'가 사상 최초로 프로 기사 이세돌을 이겼다는 보도가 나왔다.

힌튼을 구글에 불러들인 뒤 응 자신은 중국에 있는 구글의 경쟁사 바이두로 옮겨 가 인공지능 연구의 리더가 되었다. 또한 원탁의 기사 중 한 사람이던 레쿤은 역시 구글의 강력한 라이벌 중 하나인 페이스북에서 인공지능 연구를 지휘하고 있다. 애플이나 IBM도 그 물결에 뒤처질 수 없다는 듯이 시리나 왓슨에게 딥 러닝을 도입하려고 한다. 지금 아서 왕과 원탁의 기사들은 컴퓨터와 인공지능의 패권을 쥐었다.

인공지능, 아직 쓰지 않은 이야기

딥 러닝은 '성배'인가

딥 러닝의 응용은 웹이나 컴퓨터 안에 머물지 않는다. 캘리포니아 대학은 딥 러닝을 이용하여 블록을 맞추거나 병을 닫거나 하는 등의 간단한 일을 스스로 배운 로봇 모델을 공개했다. 구글의 자동운전도 딥 러닝을 응용할 것임을 상상할 수 있다.

딥 러닝 자체는 물론 거대한 가능성을 갖고 있다. 컴퓨터가 눈이나 귀를 가지고 본 것이 무엇인지를 이해하거나 앞에 있는 사람이 무엇을 이야기하는지를 알 수 있게 된다면? 그 결과를 토대로 자동차나 로봇이 움직인다면? 그것은 확실히 인간밖에 하지 못한다고 생각했던 많은 일을 대신할 수 있게 될 것이다.

좀 더 말하면, 컴퓨터에는 인간처럼 신체적 제약이 없다. 실제로 말을 인식하는 테스트에서 딥 러닝을 이용한 인공지능은 이미 평균적인 인간의 능력에 가까워졌고 그것을 뛰어넘는 것도 시간문제다. 게다가 지금 컴퓨터는 인간의 도움 없이도 자기 스스로 배우고 인간을 뛰어넘는 능력을 익힐 수 있다.

그리고 딥 러닝이 얼핏 보여 준 것은 그 너머에 있는 가능성이다. 대뇌신피질은 뇌 안에서 중요한 역할을 맡고 있는데, 뇌에는 그 외에도 여러 가지 기능을 가진 부위가 있다. 예컨대 기억에 관여하는 해마, 운동에 관여하는 소뇌, 정동에 관여하는 편도체, 무엇보다 의식에 관여하는 시상과 전두전야 등. 대뇌신피질의 기능을 컴퓨터로 흉내 낼 수 있다면 이들 나머지 부위의 기능도 흉내 낼 가능성이 있지 않을까? 그리고 그것들이 연결된다면? 이처럼 인간의 뇌 전체를 재현하고 인간처럼 행동할 수 있는 인공지능을 범용 인공지능이라고 부른다.

전 세계가 범용 인공지능의 개발을 목표로 노력하기 시작했다. 미국에서는 오바마 대통령이 주도하여 2013년에 시작된 '브레인 이니셔티브BRAIN Initiative'는 뇌 전체 뉴런의 기능을 세밀하게 계측하는 것을 목표로 한다. 10년 동안 30억 달러라는 엄청난 금액의 연구 자금을 투여한다. EU도 2012년에 시작된 '인간 뇌 프로젝트Human Brain Project'에 역시 10년 동안에 10억 유로를 투자하여 뇌 기능에 근거한 슈퍼컴퓨터의 개발에 힘을 쏟고 있다.

최근 뇌 연구가 한창인 중국에서도 독자적인 '중국 뇌 계획'이 시작되었다. 일본도 2015년에 문부과학성이 이 분야에 예산 64억 엔을 책정했다.

그리고 구글은 딥 러닝에 그치지 않고 독자적으로 범용 인공지능의 실현을 목표로 한다고 공표한다. 게임의 풀이법을 스스로 배우는 인공지능을 만든 딥 마인드 팀이 2015년 6월의 학회에서 '범용 인공지능을 목표로'라는 발표를 하고, 범용 인공지능의 실현을 위한 로드맵을 발표했다. 일본에서는 도요타, 리쿠르트, 드왕고라는 기업이 인공지능 연구소를 설립했다.

딥 러닝이라는 성배가 계기가 되어 사람처럼 똑똑한 인공지능이 결국은 우리를 찾아온다. 그것을 실현한 것은 수차례 찾아온 겨울에도 인간의 뇌와 같은 인공지능을 만들려고 한 힌튼이라는 사람의 굳은 신념이었다. 단기적인 성과를 좇는 것이 아니라 자신의 흥미나 정열을 믿고 노력한 것이 결과적으로는 보다 큰 성과로 이어졌다고 말할 수 있다. 여기서는 힌튼이 좋아한다는 아인슈타인의 다음 말로 마무리하고 싶다.

"만일 우리가 무엇을 하고 있는지 분명히 알고 있다면 그것은 연구라고 말할 수 없다."

드디어
인공지능이 온다

사람의 모습으로 나타난 신의 아들 그리스도가 지능이라는 인간의 원죄를 속죄하기 위해 흘린 피의 상징, 성배. 이번 장에서 소개한 성배에 얽힌 전설은 본래 성서에 기록된 것도 아니고 정통 기독교의 교의도 아니다. 그러나 성서에 기록된 여러 상징에 후세의 사람들은 자극받고 각각에 의미를 부여하거나 해석하는 이야기를 엮었다. 그것이 아서 왕과 원탁의 기사 전설처럼, 우리에게도 친숙한 이야기를 낳았다.

이 책도 그 같은 방법으로 인공지능을 이야기로 엮었다. 인간의 뇌에는 이처럼 입력된 감각이나 기호를 해석하고 의미를 부여하는 능력이 있다. 힌튼이나 호킨스라는 아서 왕과 원탁의 기사가 추구한 것은 인간 뇌의 이러한 능력이었다. 이것이 인간처럼 똑똑한 인공지능으로의 열쇠, 성배인 것이다.

결국 딥 러닝이란 무엇인가? 호킨스의 설명처럼, 대뇌신피질은 눈이나 귀 등 오감을 통한 입력에서 패턴을 인식하고 본 것이나 들은 말의 의미를 해석하는 역할을 맡고 있다. 딥 러닝은 인간 뇌의 이러한 작용을 흉내 내어 컴퓨터가 방대한 데이터 중에서 의미 있는 패턴을 끄집어내도록 했다.

뇌신경의 구조를 흉내 내는 신경회로망이라는 기술은 몇 십 년 전부터 있었다. 또한 힌튼은 신경회로망을 사용하여 대뇌신피질의 작용을 흉내 내는 기본적인 방법에는 이미 30년 전에 다다랐다. 그러나 그 무렵에는 컴퓨터의 성능도, 의미 있는 해석을 얻기 위한 데이터의 양도 충분하지 못했기 때문에 성배에 다다를 수 없었다.

그러나 무어의 법칙에 따라 컴퓨터의 성능이 향상되고, 특히 클라우드라는 거대한 컴퓨터의 등장과 메트칼프의 법칙에 의해 급격하게 이용이 확대된 웹이라는 바벨탑에 매일 생성되는 방대한 데이터로 인해 신경회로망과 딥 러닝을 유효하게 이용할 수 있는 환경이 겨우 갖춰진 것이다.

지능이라는 의미에서는 아직 한정된 것이기는 하지만, 우리의 파트너가 된 시리나 퀴즈왕 왓슨은 이미 우리의 생활 속에서 일하고 있다. 게다가 딥 러닝을 도입하여 부분적으로 인간을 초월하는 능력을 발휘하는 경우도 생긴다. 하물며 대뇌신피질을 포함한 인간 뇌의 기능 전체를 재현한 AGI(범용 인공지능)의 개발도 이미 시작되었다. 딥 러닝과 그 너머에 있는 범용 인공지능은 우리가 컴퓨터나 인터넷과 접속하는 방식을 바꾸어 간다. 그 결과, 로봇이나 사물인터넷 등 여러 가지 형태가 인공지능을 탑재하여 우리 생활 속에 들어온다.

튜링이나 매칼로크와 피츠와 같은 예언자들의 시대로부터 70년, 아서 왕이 이끄는 원탁의 기사들은 마침내 찾아 낸 성배로 인간과 같은 지능을 갖춘 인공지능을 실현시켰다. 이것은 묵시록의 예언에 있듯 신의 은총으로 충만한 천년왕국으로 가는 문을 연 것일까?

인공지능, 아직 쓰지 않은 이야기

사물인터넷과
인공지능이 만든
2030년
천년왕국의 도래

컴퓨터의 진보는 마침내 우리의 머릿속까지 흉내 낼 수 있게 되었다. 이것은 맨 처음 튜링이 말했던 것이다. 그러나 그것이 실현되기까지는 대략 100년 정도가 걸렸다.

"피트, 이제까지 너랑 아무렇지 않게 잘 지내 왔는데, 너를 만들기 위해서 꽤 여러 사람들이 노력해 왔구나."

"그걸 알았으면 좀 잘 다뤄 줄래. 마리는 A.I.D를 함부로 사용해."

"무슨 말이야. 한번 제대로 일해 볼래? 네 계약금으로 모아 놓은 알바비를 몽땅 써버렸거든."

A.I.D의 이용은 당연히 공짜가 아니다. 부모님도 옛날 스마트폰에 지불했던 것보다 비싸다고 늘 불평한다. 그래도 지금은 친구와 연락하는 데도, 공부하는 데도, 일하는 사람들도 A.I.D가 없는 것은 생각지도 못하기 때문에 내키지 않아도 어쩔 수 없이 지불하고 있다.

우리 아빠는 변호사이지만 오랜 세월 함께 일해 온 법률 사무직원을 그만두게 해서 안타까워했다. A.I.D 회사만 돈을 벌고 있다. 실제로 최근 세계 기업 가치 상위 5개사가 전부 A.I.D 회사라고 해서 화제가 되었다.

"아, 공부만 해서 지쳤어. 기분 전환으로 옷이라도 보러 갈까."

셰어라이드를 잡아타고 신주쿠까지 나왔다. 생각해 보면 옛날에는 차도 인간이 운전했는데, 인공지능으로 대체된 셈이다. 택시 운전사로 일했던 사람들은 어떻게 되었을까?

"피트, 나 뭔가 마음에 걸리는 게 있어."

"마리가 전부터 원했던 지미 추의 구두가 이세탄에 딱 한 켤레 남았어. 그리고 유니클로에서 알렉산더 왕과의 콜라보 시리즈가 판매를 시작했다는 연락도 왔어."

"아, 지미 추의 그 구두, 정말 갖고 싶어. 일단 보러 갈까."

나는 결국 마지막 한 켤레라는 말에 구두를 사고 말았다. 피트는 일단 내가 파산하지 않도록 씀씀이에 대해서는 철저히 관리해 주었지만 때로 너무 정확한 정보를 주는 탓으로 위험하다. 그래도 취업활동으로 한동안 쇼핑을 참아 왔으니 조금은 좋지 않을까.

"마리, 또 새 구두를 샀나 봐. 멋을 부리는 것도 좋지만, 예수 그리스도는 부자가 신의 나라에 들어가는 것은 낙타가 바늘구멍을 통과하는 것보다 어렵다고 말씀하셨어."

신부님은 만나자마자 설교다.

"저도 요즘 여학생이에요. 수녀님이 아니라고요. 게다가 신의 나라라는 것은 그렇게 좋은 곳이에요?"

"그것은 부활하신 예수 그리스도가 왕으로 다스리는 나라이니까. 게

다가 모든 곳에 주님의 눈길이 닿지 않는 곳이 없어. 옷도 음식도 집도, 인간이 걱정할 필요는 없어. 모든 것은 주님이 생각하신 대로 주어지니까."

나는 떠오른 생각을 말한다.

"지금 세상은 이제껏 사람들이 해온 일을 인공지능이나 로봇이 차츰 대신하게 되었어요. A.I.D는 물론 집이나 거리에서도 여러 가지 일이 인터넷에 연결되어 정보가 모였어요. 이대로 가면 우리가 일하지 않아도 인공지능이 일이나 생활의 자질구레한 일을 봐주지 않을까요? 신의 왕국처럼요."

신부님은 얼굴을 찌푸린다.

"신의 왕국을 이룬 것은 부활한 예수 그리스도야. 전기로 움직이는 기계 따위가 아니지. 게다가 신의 왕국에 들어갈 수 있는 것은 철저한 신앙을 가진 사람들뿐이야."

나는 아빠의 법률 사무원으로 일했던 사람을 떠올린다. 듣기로 그 사람은 사무실을 그만둔 뒤, A.I.D를 사용하여 온라인에서 법률 상담 서비스를 만들어 큰 성공을 거뒀다고 한다.

우리는 좋든 싫든 인공지능과 잘 지내는 방법을 배우지 않으면 안 된다. 그것은 지금 시대의 신앙 같은 것이다.

인공지능 시대에
자유로운 개인은
성립할까?

딥 러닝 같은 신세대 기술에 힘입어 인간과 같은 범용 인공지능의 실현은 코앞까지 임박했다. 이것은 우리 세계에 무엇을 가져왔을까? 그것을 이해하기 위해서는 지금 우리가 살고 있는 세계의 성립, 그 원천이 된 근대와 자유로운 의지를 가진 개인에 대하여 이해할 필요가 있다.

우리가 당연하다고 생각하는 과학주의나 자유로운 의지를 가진 주체로서의 개인. 그 개념이 서구 세계에 퍼진 것은 아주 최근인 18세기부터 19세기의 일이다. 그때까지 서구 세계에서는 기독교의 교의와 신의 존재가 인간이 살아가는 의미나 윤리의 기초를 이뤘다.

그러나 르네상스 이후 과학의 발달과 종교개혁 뒤에 태어난 개인주의의 발달은 그때까지 절대적이던 기독교의 권위를 크게 흔든다. 사람들은 살아가는 의미나 가치의 기반을 잃고 철학자 프리드리히 니체는 그 상황을 가리켜 이렇게 말했다.

"신은 죽었다."

이때부터 인간의 존재 의의나 윤리는 신의 존재나 교의에 의해 규정된 것이 아니라, 자신의 내면에 있는 근대적인 개인이 만들어 낸 것이게 된다. 개인은 종교나 지연·혈연 같은 공동체의 구속에서 자유를 얻고 그 대신에 자신에 대한 책임도 기본적으로는 개인에게 돌아가게 되었다. 우리의 사회는 법률을 비롯하여 이 같은 근대적인 인간관에 근거하여 설계되었다.

그러나 신의 아들이 강림한 이후의 세계는 이 같은 근대 사회의 설계가 통용되지 않는다. 그것은 우리가 인간이 아니지만 의지를 가지고 판단하는 기계와 함께 살아가게 되었기 때문이다. 그리고 그 기계는 지식의 양이나 치우치지 않은 적절한 판단, 시간이라는 측면에서 인간을 웃도는 신과 같은 존재가 되어 간다.

신약성서의 마지막에 기록된 〈요한 묵시록〉에서는 십자가에 못 박힌 신의 아들 그리스도의 부활 후, 이제까지의 세계가 신의 심판에 의해 멸하고 그리스도와 그 경건한 신자들이 부활하고 신의 은혜가 구석구석까지 닿는 '천년왕국'이 도래한다고 예언하고 있다.

우리는 우리 자신이 만들어 낸 기술에 추월당해 생활의 여러 측면을 기계의 관리에 의탁하는 세계를 만들려고 한다. 이것은 과거 인간의 역사에 없었던 일이지만, 한편으로 인간은 그 역사의 대부분 동안 신 같은 초월자의 존재를 전제로 살아왔기에 다시 한 번 그 같은 세계가 부활한다는 사고도 가능하다. 마음을 가진 기계와 함께 생활하는 천년왕국은 이처럼 우리 사회의 전제가 된 근대 이후 개인의 자유나 책임이라는 개념을 흔들고 만다. 그 끝에는 지금 우리가 가진 가치관이나 상식이 크게 변하는 것이다.

---

*프리드리히 니체(Friedrich Wilhelm Nietzsche) 19세기 독일의 철학자. 기독교적 세계관과의 결별을 말하고, 개인의 주체적인 생을 긍정하는 실존주의 사상을 개척했다.

인공지능, 아직 쓰지 않은 이야기

인공지능을
실현하는
7가지 봉인

〈요한 묵시록〉을 모티프로 한 작품으로 스웨덴의 잉그마르 베르히만Ingmar Bergman 감독의 영화 〈제7의 봉인〉이 있다. 〈요한 묵시록〉에는 부활한 그리스도가 7개의 봉인을 풀 때마다 신이 재주를 부린다. 마지막 봉인이 풀린 뒤에 그리스도가 왕이 되고 천년왕국이 온다고 되어 있다.

이 책에서 지금까지 소개해 온 컴퓨터의 발전. 그것은 7개의 봉인처럼 7개의 기술 분야로 정리할 수 있다. 그리고 그 7개의 분야에서 이제까지 우리가 알았던 컴퓨터의 형태를 바꿀 변화가 일어나려고 한다.

제1의 봉인 – 연산장치

튜링이 만든 컴퓨터의 개념은 노이만에 의해 구체적으로 정리되어, 중앙연산장치와 기억장치로 이뤄진 노이만형 컴퓨터가 오늘날까지 널리 이용되고 있다.

무어의 법칙에 따라 연산장치도 기억장치도 점차 작아지고 고성능이 되어 개인이 한 대씩 사용하는 컴퓨터나 늘 갖고 다니는 스마트폰을 실현했다. 앞으로 컴퓨터는 더욱 작아질 것이고 PC나 스마트폰 이외의 여러 가지 기기에 탑재된다. 또한 클라우드에도 수백만~수천만 개의 연산장치가 갖춰지고, 개개의 기기로는 실현할 수 없는 큰 연산능력을 제공한다.

한편에서 무어의 법칙은 이미 물리적인 한계에 다가가고 있다. 트랜지스터는 전기회로이지만, 지금 연산장치의 소형화는 원자나 전자 한 개의 규모에 근접하여 제어가 매우 어려워졌다. 회로의 밀도 향상만으로 무어의 법칙에 따른 소형화·고성능화를 추진하기는 어려워지고 노이만형이 아닌 컴퓨터로의 도전도 시작되었다.

예컨대 현재 어떤 컴퓨터든 스마트폰이든 고해상도의 애니메이션이나 3D 같은 고도의 그래픽을 표시하기 위한 어플리케이션을 실행하기 위해 일반적인 처리를 하는 중앙연산장치(CPU)에 더하여 그래픽 처리 전용의 연산장치(GPU)를 탑재한다. 이 GPU는 범용적인 처리를 하는 CPU와는 다르게, 수치 처리를 병렬로 실행하도록 설계되어 있다.

이 같은 특징은 클라우드에서의 데이터 처리나 인공지능의 기계 학습 등에 필요한 계산을 하는 데 적합하다. 예컨대 GPU에서 세계 시장점유율 1위인 엔비디아NVIDIA는 다수의 GPU를 병렬로 동작시 킬 수 있는 학술 계산을 위한 슈퍼컴퓨터를 판매하고, 딥 러닝이 실 제로 설치되어 있다.

노이만형 컴퓨터의 연산장치로 세계 시장점유율 1위인 인텔도 비非노이만형 컴퓨터에 개입하기 시작한다. 2015년에 인텔은 알테 라라는 연산장치 회사를 매수했다. 그 매수액은 무려 18조 원이다. 알테라가 만드는 것은 사용자가 내부 설계를 바꿀 수 있는 연산장치 로, 다양한 계산을 효율적으로 가능하게 하는 기술이다. 퍼스널 컴 퓨터의 연산장치를 지배하는 인텔이 퍼스널 컴퓨터 너머의 시대를 읽고 비 노이만형의 연산장치에 이토록 큰 투자를 했다는 것은 매우 상징적이다.

왓슨으로 인공지능에 적극적으로 힘쓰는 IBM도 왓슨과 같은 소 프트뿐 아니라 연산장치 차원에서도 인공지능의 실현을 위해 노력 을 기울이고 있다.

뇌 구조를 컴퓨터로 재현하려면 노이만형 컴퓨터와 뇌의 구조 차이가 문제가 된다. 노이만형 컴퓨터는 기억장치와 연산장치가 독 립되어 기억장치에서 읽어 낸 데이터를 연산장치가 순차적으로 처리한다. 한편 뇌는 말하자면 병렬적으로 동작하는 컴퓨터로 1,000억 개 이상의 뉴런이 1,000조 개 이상의 접속을 이루고 정보를 병렬로 처리해 간다.

IBM이 개발한 트루노스TureNorth(진북眞北, 향해야 하는 방향을 의미)라는 연산장치는 하나의 칩으로 100만 개의 뉴런과 2억 5,000만 개의 접속을 재현할 수 있다. 게다가 노이만형 컴퓨터로 같은 동작을 재현한 경우에 비하여 대폭 줄어든 소비전력으로 움직일 수 있다.

더불어 양자역학의 원리를 이용한 양자 컴퓨터의 연구개발도 이뤄지고 있다. 2030년 무렵에 양자 컴퓨터가 실용화될지는 알 수 없지만 끝날 것 같지 않는 방대한 계산을 실행하고 인공지능에 응용할 가능성이 있다. 실제로 구글에서는 양자 컴퓨터를 이용한 인공지능을 연구하는 '양자 인공지능연구소'를 설립하여 연구하고 있다.

이처럼 컴퓨터의 두뇌인 연산장치에서 일어나는 다양한 기술 혁신이 보다 다양한 기기, 보다 고성능의 클라우드에 탑재됨으로써 이제까지는 생각하지 못했던 막대한 계산 처리를 대폭 줄어든 소비전력으로 실행할 수 있게 된다.

제2의 봉인 – 네트워크

연산장치와 나란히 컴퓨터의 구성 요소로서 중요한 것이 네트워크다. 인터넷이 퍼스널 컴퓨터에 보급되는 데는 전화 회선에 연결하는 다이얼업에서 ADSL, 초고속 광케이블에 이르는 고정 회선의 진보, 스마트폰에 보급되는 데는 3G나 LTE(4G)라는 고속 무선통신의 진보가 큰 역할을 맡았다.

무선통신에 있어서는 현재 LTE 너머의 5G 네트워크의 검토가 시작되었다. 2020년 무렵의 실용화를 목표로 한 5G로는 고속화가 한층 가속되어, 통신 지연이 대폭 줄어들고 원격지의 기기를 실시간으로 제어할 수 있는 응용도 가능해질 것이라고 한다. 이것은 나중에 다루겠지만, 지금보다도 다수의 기기가 접속되는 것을 가능하게 한다. 또한 최근 착용하는Wearable 기기나 각종 사물인터넷 기기가 주목을 받게 되었다. 그 대다수는 스마트폰과 통신하고 어플리케이션과 연동하거나 인터넷에 접속하거나 한다.

이런 기기가 실현될 수 있게 된 배경에는 블루투스 스마트라는 통신규격의 채용이 있다. 이러한 기기들은 소형이라 큰 배터리를 탑재할 수 없었기 때문에, 상시 통신하면 전력을 소비한다는 문제가 있었다. 블루투스 스마트는 이제까지의 통신규격과 비교하여 전력 소비가 절반에서 10분의 1로 준다.

최근 스마트폰 기기는 NFCnear field communication라는 무선 통신규격을 채용하는 일이 많아졌다. NFC는 10cm 이내 가까운 거리에서 다양한 무선 데이터를 주고받는 기술이다. 교통기관의 티켓으로 이용되거나 사무실 록을 열고 닫거나 아이폰의 전자머니에 이용된다.

이처럼 앞으로의 네트워크에서는 오늘날같이 인간이 직접 기기를 이용하는 통신보다도 멀든 가깝든 기계끼리 이뤄지는 통신의 비율이 압도적으로 많아진다. 그 때문에 5G 같은 고속 인터넷 접속, 블루투스처럼 가까이에 있는 기기 간의 통신에 의한 연동, 나아가서는 NFC처럼 기기를 접촉하는 것으로 연결되는 네트워크 기술이 장차 보게 될 여러 기기에서 이용된다.

인구수는 2030년이면 80억 명에 달할 테지만, 네트워크로 연결되는 기기는 2020년 시점에서 250억~500억 대라는 예상도 있고, 메트칼프의 법칙에 따라 그 무렵에는 인간이 연결하는 인터넷보다도 기계끼리 연결하는 인터넷이 큰 가치를 가지게 된다.

제3의 봉인 – 사물인터넷

연산장치와 네트워크의 진보는 이제까지는 생각할 수 없었던 여러 다양한 '사물'에 고성능의 컴퓨터를 탑재하고, 인터넷을 통해서 접속이 가능하게 했다. 그와 같은 트렌드를 사물인터넷Internet of Things(IoT)이라고 부른다.

예컨대 2015년에는 애플에서 첫 입는 컴퓨터, 애플워치가 발매되었다. 애플워치의 기능은 4년 전에 발매된 아이폰과 동등한 것이다. 단 4년 만에 당시 최고성능의 스마트폰을 손목에 차는 크기로, 하루 동안 충전하지 않아도 이용할 수 있게 되었다. 아이폰과의 통신은 블루투스로, NFC를 이용한 ID 인증이나 전자머니 기능을 탑재하고 있다.

다른 IT 기업이나 제조사, 피트니스 기기 회사, 시계를 만드는 회사에서 속속 시계나 리스트밴드형의 착용하는 기기가 발매되어 이미 웨어러블 원년의 양상을 띠고 있다. 시계, 리스트밴드형뿐 아니라 안경형의 기기도 주목받아 구글도 구글 글래스라는 안경형 디스플레이 컴퓨터를 판매했다(유감스럽게도 구글 글래스는 일단 판매가 종료되었다). 그러나 앞으로도 여러 회사가 안경 형태의 웨어러블 기기를 발매할 것이다. 나중에 자세히 설명하겠지만, 안경형 컴퓨터에서는 가상현실이나 확장현실로 정보를 표현하게 된다.

몸에 착용하는 웨어러블 기기뿐 아니라, 집이나 거리, 자동차 같은 환경에도 컴퓨터가 들어온다. 사물인터넷의 트렌드를 만든 것은 애플에서 과거 아이폰을 개발한 토니 파델Tony Fadell*이 만든 '네스트'라는 제품이었다. 네스트는 서모스타트라는 기기의 일종이다. 미국에서는 한국과 달리 건물 안 개개의 방에서 공기 조절을 하는 것이 아니라 건물 전체에서 온도를 제어하는 중앙난방이 주류다. 서모스타트는 건물 안을 일정한 온도로 유지하도록 공기조절을 한다.

네스트는 인터넷에 연결되어 스마트폰으로 온도 조절을 할 수 있고, 또 인공지능을 탑재하여 실내에 있는 사람의 수나 외부 기온 같은 정보를 토대로 쾌적한 온도와 에너지 소비의 균형을 유지하도록 똑똑하게 공기를 조절한다. 네스트는 일반적인 서모스타트의 2배 가격임에도 불구하고 연간 100만 대가 팔리는 대히트 상품이 되었다. 그 후 네스트는 구글이 매수하여 구글이 추진하는 스마트홈 전략의 핵심이 된다.

네스트 외에도 컴퓨터로 색을 바꾸는 조명(필립스의 '휴Hue')이나, 인터넷이나 스마트폰으로 열고 닫을 수 있는 스마트 록 제품이 등장하여 인기를 모으고 있다. 또한 소니의 플레이스테이션이나 애플 TV로 대표되는 TV 접속 게임기나 셋 톱 박스도 있다.

이런 사물인터넷 기기는 기능을 제공하기 위한 각종 센서를 갖추고 있다. 네스트라면 인감센서나 온도계를 갖추고 있으며, 스마트폰도 원래 마이크나 카메라, GPS나 움직임을 계측하는 가속도센서 같은 센서의 덩어리다. 몸에 입는 기기는 이용자의 건강 상태나 활동 상황을 계측하기 위해, 역시 가속도센서나 심박계 등 여러 가지 센서를 탑재하고 있다. 사물인터넷 기기의 각종 센서를 통해 모인 정보는 클라우드와 연결돼 인공지능을 보다 똑똑하게 만드는 데 사용된다.

더욱이 사물인터넷 기기에는 스스로 움직여 일을 하는 것도 있다. 바로 로봇이다. 2015년에는 소프트뱅크가 인형로봇 '페퍼pepper'를 일반 소비자와 기업을 대상으로 판매를 개시했다. 소프트뱅크는 페퍼에 그치지 않고, 인형로봇의 정밀도를 높이고 안정적으로 움직일 수 있는 로봇 OS '부시도'의 개발과 판매도 시작한다. 그 외에도 DMM은

인공지능, 아직 쓰지 않은 이야기

로봇 캐리어라 이름 붙이고, 로봇 판매 사업을 시작했다. 2015년은 일본에서 로봇의 원년이기도 하다. 미국에서는 구글이 DARPA의 로봇 콘테스트에서 최고 성적을 거둔 일본의 샤프트Shaft라는 벤처를 차례로 매수한다. 자립형 로봇뿐 아니라, 일본의 사이버다인CYBERDYNE처럼 간호에 사용하거나 노동력 감소를 보완할 목적으로 인간의 육체노동 부하를 경감하는 '파워드 슈트'도 실용화될 것이다.

또한 로봇의 다른 형태로서 자동차와 드론을 꼽을 수 있다. 구글은 자동운전 자동차의 주행실험 결과를 발표했다. 6년간 160만 킬로미터를 주행하여 사고는 불과 11건, 게다가 그 모든 경우가 자동운전 자체가 일으킨 사고가 아닌, 상대방에 의한 사고였다고 한다. 기존의 자동차 회사도 질 수 없다는 듯이 자동운전 개발에 힘쓰고 있다. 무선 조종 헬리콥터 드론도 아마존이 배송 수단으로 응용하는 데 힘쓰는 등 큰 화제를 불렀다.

로봇은 생활공간에서 이용되기보다 제조업의 제조 현장에서 인간이 하는 작업을 대신하고 있다. 반면 3D 프린터나 레이저 컷, NC 가공기 등 생활용품 제조 기기는 보다 친근한 것이 되어 간다.

앞으로의 컴퓨터는 사람의 신체에 더욱 가까워지고, 한편으로는 마이크로칩, 의수의족, 인공망막, 인공내이, 인공장기 등 신체 안에 넣는 기기도 늘어 간다. 또한 온갖 건물의 여러 기기가 컴퓨터를 내장하고 인터넷과 연결된다.

제4의 봉인 – 사용자 인터페이스

PC나 스마트폰의 형태가 아닌 컴퓨터는 대다수의 경우 마우스나 키보드, 터치스크린을 갖지 않는다. 게다가 사용하는 상황도 데스크 등 한정된 환경이 아니라 집이나 거리, 전차 안 등 온갖 환경에서 컴퓨터를 이용하게 된다. 그때 우리는 그 같은 사물인터넷 기기를 어떤 방법으로 조작할까? 그 답은 우리 자신의 신체에 있다.

우선 앞으로는 터치 기능을 사용하는 것 이상으로 기기와 음성으로 대화하는 방법이 이용된다. 음성이 좋은 점은 기기가 몸속에 있거나 건물에 묻혀 있어 보거나 만질 수 없어도 조작할 수 있다는 점이다. 더욱이 음성으로 대화하는 것은 대다수 사람이 자연스럽게 할 수 있는 행동이고, 기계가 제대로 응답만 할 수 있으면 누구나 무리 없이 사용할 수 있다.

이미 시리나 왓슨이 이 같은 음성 대화를 실현하고 있지만, 그 커뮤니케이션 능력은 아직 한정되어 있다. 앞으로 딥 러닝을 비롯한 기술의 발달로 손색없는 음성인식과 대화가 가능해질 것이다. 시리처럼 퍼스널 어시스턴트가 보다 일반적으로 사용되면 다른 기기나 클라우드 서비스와 접속하여 여러 일을 하게 된다. 문장으로 표현할 수 있는 일을 하거나 정보를 얻기 위한 방법으로는 음성인식이 유효하다고 생각하지만, 물건을 움직이거나 값을 바꾸거나 하는 등 공간적이고 상호적인 조작을 하기 위해서는 음성보다도 몸의 작용이

유효하다. 스마트폰이나 태블릿의 터치 조작은 계속 이용될 것이고, 그 같은 기기가 없어도 손이나 몸의 움직임을 이용한 제스처를 카메라로 인식하는 제스처 조작도 일반적으로 이용될 것이다. 구글은 딥러닝을 이 같은 제스처 인식에 이용한다.

다음으로 정보의 출력에 있어서는 오늘 같은 평면 화상 표시뿐 아니라, 안경형의 기기를 이용하여 3차원적으로 정보를 표시하는 가상현실 기술이 일반화되어 가고 있다. 가상현실의 붐에 불을 붙인 '오큘러스 리프트Oculus Rift'라는 표시 장치는 2016년에 일반 판매가 개시되었다. 또한 가상현실에 들어가는 것만이 아니라, 현실 세계 속에 홀로그램처럼 정보를 표시하는 장치도 개발이 이루어지고 있다. 이미 발표된 마이크로소프트의 '홀로렌즈' 같은 기기가 있고, 또한 구글이 총액 8억 달러 넘게 투자하여 화제가 되었던 벤처 매직 리프Magic Leap도 같은 기기를 개발하고 있다.

이들 기기를 사용하면 마치 눈앞의 현실 세계 안에 가상의 물체나 정보가 그곳에 있는 것처럼 보이고, 손으로 만져 조작할 수 있다. 이 같은 확장현실은 오큘러스 리프트 같은 가상현실과 달리 현실에서 완전히 떨어져 있는 것이 아니다. 그 때문에 결국 모바일로도 이용할 수 있는 등 보다 응용 범위가 넓어져 가상현실 이상으로 널리 이용될 가능성이 있다.

아주 먼 이야기가 되겠지만, 뇌파 등의 뇌 신호를 읽어서 인간의 의도를 읽는 브레인 머신 인터페이스라는 기술이 연구되고 있으며, 인간이 이미지화한 내용을 읽는 데 실제로 성공한다. 딥 러닝의 기계학습 기술은 뇌의 신호 해석에도 유용하게 활용할 수 있다. 이 기술이 발전하면 이미 음성이나 제스처 등의 조작도 불필요해지고 생각하는 것만으로 기기를 조작하는 SF 같은 세계가 실현한다.

이처럼 앞으로 컴퓨터, 인공지능과의 대화는 현재 사용하는 터치 조작을 넘어 우리의 눈이나 입, 몸을 사용하여 다른 인간과 대화하는 것처럼 자연스럽게 할 수 있게 된다.

제5의 봉인 – 클라우드

지금도 우리 생활에서 구글이나 페이스북, 라인 같은 클라우드 서비스는 없어서는 안 되는 존재다. 앞으로도 계속 여러 클라우드 서비스가 이용될 것이다. 또한 오늘날 컴퓨터나 스마트폰 단말에서 움직이는 어플리케이션도 상당한 비율이 클라우드에서 제공되는 서비스로 대체될 것이다. 단, 서비스를 이용하는 것은 오늘날 컴퓨터나 스마트폰뿐 아니라 앞에서 말한 음성 대화 에이전트나 사물인터넷 기기, 로봇을 비롯한 여러 기기가 된다. 이른바 웹페이지나 어플리케이션의 화면을 보는 비율은 지금보다 훨씬 줄 것이다. 또한 클라우드 자체의 성능도 무어의 법칙 및 비 노이만형 연산장치의 이용, 단순한 규모 확대에 힘입어 지금보다 대폭 향상된다.

또한 지금 클라우드 서비스를 제공하는 것은 구글이나 페이스북으로 대표되는 IT 기업이 중심인데, IT가 본업이 아닌 여러 다양한 사업자가 클라우드 서비스를 통하여 고객과 연결된다. 그중에는 영리기업뿐 아니라 행정기관 같은 공공기관, 병원, 학교나 연구기관, NPO도 포함된다.

우리는 자신의 사진이나 음악이라는 콘텐츠는 물론 돈, 신체 상태나 질병, 인간관계, 업무 등 온갖 정보를 클라우드에 보존하게 된다. 클라우드 안에 우리 인생이 온전히 보존된, 라이프로그Lifelog를 가지게 된다. 클라우드는 온갖 데이터와 커뮤니케이션, 서비스를 제공하기 위한 기본적인 인프라로 성장해 갈 것이다.

제6의 봉인 – 빅데이터

클라우드에는 온갖 기기나 서비스를 통해 입력된 데이터가 모이게 된다. 오늘날에도 클라우드 서비스에서 발생한 데이터는 '빅데이터'라고 부르고 비즈니스 분야에서 활용되고 있다.

앞으로 사물인터넷 기기, 로봇의 센서가 계측한 현실 세계에 대한 데이터가 클라우드에 흘러 들어가게 된다. 그중에서는 도시나 자연 환경에 대한 정보도 있고 개인의 행동이나 생활모습에 대한 정보도 있을 것이다. 실제 구글 같은 온라인 서비스 기업이 안드로이드 같은 스마트폰 OS를 제공하거나 로봇 사업에 참여하는 것은 그것들이 현실 세계에 대한 데이터를 수집하기 위해 돌아다니는 센서가 된다는 것이 하나의 이유다. 또한 상업을 비롯하여 공공부문이나 학술, 의료나 복지 등 온갖 사업 활동에 클라우드 서비스가 이용된다면 그들 사업 활동에 대한 데이터도 얻게 된다.

오늘날 클라우드에 있는 것은 웹에서 발신된 정보나 사람 간 커뮤니케이션에 대한 데이터다. 그러나 사물인터넷 기기, 로봇 및 지금 클라우드 서비스에 연결되지 않는 온갖 사업 활동이 클라우드 서비스와 연결됨으로써 데이터로서 기록되어 간다.

제7의 봉인 – 인공지능 기술

지금까지 보았듯 무어의 법칙에 따라 연산장치의 소형화·고속화가 이루어지고, 여기에 노이만형이 아닌 인공지능의 실현에 보다 적합한 새로운 타입의 연산장치가 등장한다. 동시에 5G의 휴대전화 네트워크, 블루투스 스마트, NFC로 대표되는 기계와 기계의 통신을 상정한 네트워크 기술을 이용하게 된다. 이런 연산장치와 네트워크를 배경으로 사물인터넷 기기, 로봇 등이 널리 보급된다.

그들 기기를 이용하면서 정보 발신이나 커뮤니케이션에 그치지 않고, 온갖 사업 활동에 클라우드 서비스가 이용된다. 그 결과, 인간의 여러 활동에 대한 데이터가 수집되고, 클라우드에 기록된다. 미래의 인공지능은 이 같은 방식으로 현실에 대한 지금보다 훨씬 풍요로운 데이터를 활용할 수 있다.

인공지능의 기술 자체도 5장 끝에서 본 바와 같이 구글이나 IBM 같은 IT 기업과 각국 정부가 추진하는 인간 뇌 연구에 힘입어 앞으로 15년 동안 크게 진전할 것이다. 2030년 무렵에는 인공지능이 인간의 뇌에 꽤 가까워지거나, 적어도 인간과 대화를 나누기에 손색이 없는 인공지능이 실현될 가능성이 높다. 이 같은 미래의 클라우드 인공지능은 구글이나 IBM 등 기업이 자사의 서비스에서 활용하는 것은 물론, 클라우드를 통해 인공지능 자체가 서비스로 제공되어 다른 사업자도 자신의 기기나 서비스에 인공지능을 도입하는 것이 가능해진다. 실제 IBM은 왓슨을 이미 외부의 개발자가 누구든 이용할 수 있도록 하고 왓슨의 대화나 판단 기능을 다른 제품에 자유로이 도입하게 하려고 한다.

우리 생활의 온갖 장면, 온갖 활동에 클라우드를 통한 인공지능의 천년왕국이 도래한다. 과연 이 같은 천년왕국에서 우리는 어떤 생활을 영위할 것인가?

---

*토니 파델(Tony Fadel) 미국의 기업가. 애플에서 아이폰을 개발. 그 후 네스트를 창업하여 인공지능 기술을 이용한 서모스타트를 개발. 네스트는 구글이 매수한다.

당신은 신의 눈에서
벗어날 수 없다
빅데이터화된 라이프스타일

7가지 봉인이 풀린 사회에서는 우리가 몸에 착용할 수 있는 것부터 건축, 도시, 자연환경에 이르기까지 온갖 장소에서 컴퓨터를 탑재한 기기가 이용된다. 그들 기기는 인터넷을 경유하여 클라우드 서비스에 접속되고, 센서나 이용자의 입력을 통해 취득한 데이터를 클라우드에 축적해 간다. 그 결과, 클라우드의 인공지능은 우리 자신을 포함한 세계에 대해 마치 어디에 있든 신의 눈처럼 온갖 정보를 가지게 된다.

오늘날도 SNS를 통해 널리 이뤄지는 개인 경험의 공유에 있어서는 스마트 워치나 스마트 글래스, 거기에 탑재된 카메라를 이용하

인공지능, 아직 쓰지 않은 이야기

여 보다 빈번히, 보다 고급 정보를 공유할 수 있다. 또한 GPS 등의 위치 정보, 웨어러블 기기로 추측할 수 있는 기분 같은 정보도 기기를 통해 수집하고 공유할 수 있게 된다. 앞으로 태어나는 아이들 중에는 일생 동안 매일 무엇이 일어났는지가 영상 등의 데이터로 완전히 기록되는 사람도 나온다고 생각할 수 있다.

또한 그 영상의 내용을 파악하여 누구와 만나는지, 무엇을 먹는지, 무엇을 보는지 등의 내용을 딥 러닝에 의해 인식하고 자동으로 데이터화할 수 있게 된다. 예능인 같은 유명인을 비롯하여 많은 이가 생활의 모든 것을 기록하고 그 대다수를 자동적으로 공유하는 라이프스타일이 등장한다. 더욱이 웨어러블 기기를 이용하면 온라인에서의 인간관계뿐 아니라 현실 세계에서 누가 누구와 얼마나 만났는가 하는 데이터를 취득하여 분석할 수 있다. 이 같은 분석을 소셔메트리sociometry라고 하고 MIT나 히타치에서 실험이 이뤄지고 있다.

이 같은 행동 기록 데이터는 우리의 행동에 대한 많은 지식을 인공지능에게 제공한다. 예컨대 구글 나우는 이미 서로의 연락처 정보를 아는 상대가 근처 공항에 체크인 했을 때 통지하는 기능을 제공한다. 또한 페이스북은 알고 있을지 모르는 상대를 너무도 정확히 추천하기 때문에 섬뜩하기도 하다. 앞으로 인공지능 기술은 보다 적극적으로 이용되고, 누구와 연락을 취할지, 메시지에 어떤 답신을 할지 등 이용자가 해야 할 행동을 제안하게 될 것이다. 설정에 따라서는 자동적으로 응답이 이뤄지는 경우도 나온다.

개인에 관한 가장 중요한 정보로서 돈에 대한 정보가 있다. 이미 은행구좌의 거래 정보나 신용카드 사용 이력을 데이터로 받은 클라우드 서비스도 존재한다. 한편 애플이나 구글, 삼성이 전자머니 서비스를 시작했고 늘 가지고 다니는 스마트폰이나 웨어러블 기기에서 이용이 가능해졌기 때문에 전자머니 이용은 크게 증가할 것이라 예측된다. 지금 직접적으로 이들 거래 데이터를 활용하려는 움직임은 없지만, 마케팅을 하는 쪽에서는 거래 이력이라는 것은 군침이 도는 정보이기 때문에 포인트를 부여하는 등 인센티브를 통해서 데이터 수집을 진행한다.

이 같은 데이터는 사회적인 신용을 평가하기 위해 제공을 요구받게 된다. 예컨대 질병보험이나 생명보험 가입 및 보험료의 판단을 위해 건강 상태나 병역에 대한 데이터 제출을 요구받게 된다. 자동차 보험에 대해서는 이미 드라이브 레코더 등의 운전 데이터에 근거하여 보험료가 달라지는 서비스를 큰 보험회사에서 제공하고 있다. 또한 대출 심사에서도 파산 위험을 평가하기 위해 자산 상황이나 지금까지의 거래 이력을 보다 상세히 평가하고 대출의 가부나 금리에 반영하게 된다.

데이터에 근거한 개인의 평가는 교육이나 취업에도 영향을 미친다. 학교나 기업은 입학 허가나 채용에 있어 이제까지의 학업 성적이나 업무 실적 데이터 제출을 요구하게 되기 때문이다. 이미 기업이 채용을 진행할 때 후보자 SNS를 확인하는 것이 보통이다. 또한 미국의 멤피스 대학에서는 지금까지의 수업 성적 데이터를 근거로 학생이 앞으로 어떤 과목을 공부하면 높은 성적을 받을 수 있는지를 제안하는 디그리 컴퍼스Degree Compass라는 시스템이 도입된다. 디그리 컴퍼스의 제공자는 그에 더해 앞으로 개인이 어떤 직업으로 성공할 가능성이 높은지에 대한 조언도 하려고 한다. 진로 상담을 인공지능이 하는 날은 그리 멀지 않은 것 같다.

이처럼 빅데이터를 이용하여 인공지능은 우리 한 사람, 한 사람이 어떤 행동을 취하는지, 다시 말해 어떤 개성을 가진 인간인지를 평가하게 된다. 그 결과가 사회적 신용의 부여나 진로 결정 등에 이용된다. 그것은 지금 우리의 기준에서 보면 숨 막히는 일로 보일지도 모른다. 스마트폰의 메시지 앱에 빠른 답신을 해야 하는 것도 과거의 기준으로 보면 숨 막히는 일이지만, 젊은 사람을 중심으로 우리는 그런 상황에 익숙해지고 있다. 우리는 충분한 편의가 제공된다면 일정한 자유를 희생하는 것이다. 본디 법률이 다스리는 국가를 받아들이고 살아간다는 시점에서 이미 그랬다.

이어서 건강과 의료, 안전, 환경과 자원 등 우리의 자유와 맞바꾼, 인공지능이 제공하는 더 큰 편익에 대하여 생각해 보자.

100세에 죽는 것은
너무 이르다
건강과 의료

성서의 〈이사야서〉에 의하면 천년왕국에서는 모든 사람이 수명대로 다 살고, 100세에 죽는 것은 저주로 여겨진다. 노화나 죽음의 문제는 온갖 종교부터 과학에 이르기까지 모두가 해결을 위해 애써 왔다. 20세기 동안에 인류의 평균수명은 늘어나 31세이던 것이 70세로 연장되었다. 앞으로도 수명과 노화는 최대 도전이 될 것이다.

예컨대 앞으로의 건강 진단에는 인공지능이 과거의 진료 데이터나 논문 등의 지식, 환자의 병력 등 정보, 그리고 웨어러블 기기, 사물인터넷 기기로 얻은 신체 데이터를 통합하여 질병 가능성이나 적절한 치료에 대한 정보를 제공한다.

문진 프로그램은 이미 실용화되어 있고 인간 의사의 진단과 그 정확도 면에서 뒤지지 않는 것으로 나타난다. 또한 미국과 캐나다의 14개 의료기관에서 IBM의 왓슨을 이용하여 암 치료 방침의 결정을 지원하는 시도가 이뤄진다. 과거 〈제퍼디!〉에서는 퀴즈가 대상이었지만, 이제는 암에 관한 과거 의료 데이터나 논문 데이터를 데이터베이스로 하여 환자 상태에 맞춘 적절한 치료나 투약에 대한 정보를 제공한다. 그리 멀지 않은 미래에는 몸이 좋지 않을 때 먼저 인공지능판 '가정의학' 같은 것으로 간이 진단을 하고, 필요한 경우 의사의 진찰을 받게 될 것이다. 그 같은 진단의 결과나 소견 같은 진료 기록 정보는 각각의 병원 기관에서 가져오는 것이 아니라 클라우드 서비스에 보존하여 환자가 접속 권한을 관리하는 클라우드형 전자 진료 카드로 이행이 진행되고 있다.

한편 신체 데이터에 대해서는 이미 웨어러블 기기를 이용하여 활동량이나 심박 등의 데이터를 계측할 수 있다. 건강 상태를 파악하기 위해서 앞으로 혈압이나 체온 등의 데이터 계측도 이루어질 것이다. 또한 가정에 설치된 체조성계(체지방·기초대사량·근육량 등 몸의 조성에 관한 각종 수치를 측정하는 장치)나 대소변에 관한 데이터를 계측하고 클라우드에 보존하게 된다. 구글은 연구개발 부문에서 다수 피험자의 신체 데이터(심박수, 소변, 혈액 등)를 수집하여 데이터베이스화하는 '베이스라인 스터디(기준치 연구)'라는 프로젝트를 진행하고 있다. 데이터 수집에는 센서를 내장한 콘택트렌즈 같은 웨어러블 기기를 이용한다.

에스토니아에서는 인구의 5퍼센트에 해당하는 5만 명의 혈액 샘플을 모은 '바이오뱅크'를 만들었다. 이 데이터를 분석한 결과, 그때까지는 알려지지 않았던 혈액 상태와 5년 이내 사망률의 관계가 밝혀졌다. 더욱이 개인이 가지는 유전자 정보(게놈)도 해석 대상이 된다. 예컨대 구글 창업자인 세리게이 브린의 전처가 창업한 23andMe는 개인을 상대로 하는 저렴한 유전자 검사 서비스를 제공한다.

크레이그 벤터John Craig Venter*라는 바이오테크놀로지 연구자는 이전 회사에서 세계 최초로 인간 게놈의 해독을 목표로 해 유명해졌다. 벤터는 2014년에 새로운 회사를 설립하고 게놈 정보를 토대로 암이나 알츠하이머, 심장병 등 노화에 동반하는 병에 대한 대처를 연구하고 노화와 죽음을 늦춘다는 야심찬 목표로 힘을 쏟고 있다. 그를 위해 연간 4만 명이라는 최대 규모의 개인 게놈 해독과 해석을 하고 있다. 또한 미국의 하버드 대학이 중심이 되어 7개국의 연구기관이 참가한 '암 게놈 아틀라스' 프로젝트에서는 30종류의 암 환자 약 7,000명의 게놈을 수집하고 암의 원인이 되는 유전자 이상을 발견했다. 이처럼 수집한 데이터를 인공지능이 분석함으로써 병이나 죽음의 위험과 필요한 대처 방법을 검토할 수 있다.

테크놀로지로 노화와 죽음의 극복을 실천하는 인물로 4장에서 시리의 음성인식 발명자로 소개한 레이 커즈와일이 있다. 커즈와일은 MIT에서 민스키에게 가르침을 받았다. 최근에는 구글에 소속되어 2045년경에 인공지능이 인간의 손을 떠나서 가속도적인 진보를 시작하고, 그 후에 무엇이 일어나는지에 대한 정보를 얻을 수 없는 '특이점'이 일어난다는 주장으로 주목을 모으고 있다.

커즈와일은 늘 자신의 혈액이나 모발이나 타액을 샘플링하고, 영양소, 호르몬, 대사 부산물의 수치를 측정한다. 그 결과를 토대로 매일 250알의 건강보조식품을 섭취하고, 매주 여섯 번 영양 보급제를 소화기를 통하지 않고 직접 정맥주사로 투여한다. 그 결과, 40세부터 56세까지 16년 동안 생물학적 연령은 40세를 유지하고 있다고 주장하고 있다. 커즈와일은 또한 치료 불가능한 당뇨병에 걸렸지만, 독자적인 치료 프로그램을 개발하여 일절 증상이 나타나지 않았다고 말한다. 지금은 아직 누구도 커즈와일과 같은 라이프스타일을 실천할 수는 없다. 하지만 신체 상태를 계측하는 기기가 보급되고 인공지능에 의해 생활이나 라이프스타일의 제안이 가능해진다면 건강하게 살아가는 기간은 길어질 것이다.

커즈와일은 2045년경 특이점이 도래할 때까지 살아남을 수 있다면 그 이후는 무한한 수명을 얻을 수 있다고 말한다. 그 무렵이 되면 인간과 인공지능은 융합하기 때문에 인간의 생물학적인 수명에 구속받지 않고 우주가 이어지는 한 살아갈 수 있다고 한다. 커즈와일이 말한 대로 우리의 마음이나 의식을 정말로 기계 속에 가지게 할 수 있을까? 그 점에 대해서는 7장에서 생각해 보고 싶다.

앞에서 말했듯, 개인에 대한 데이터가 다수 모이면 그 사람의 행동을 흉내 내는 인공지능은 부분적으로 실현 가능하다. 이 같은 기술을 디지털 클론이라고 하고, 이미 연구기관이나 기업에서 개발이 시작되었다. 구글은 2012년에 디지털 클론을 로봇에 다운로드하는 특허를 출원한다. 구글은 또 영화 대사 데이터를 대량으로 입수함으로써 인간과 채팅할 수 있는 디지털 클론을 개발했는데, 개발자와 철학적인 대화를 나누기도 하고 개발자가 집요하게 똑같은 말을 하면 화를 내기도 한다. 디지털 클론으로 저명한 사람을 재현하여 본인처럼 행동하는 시도도 했다.

이처럼 2030년경의 천년왕국에서는 죽음을 완전히 극복하지는 못하지만 빅데이터와 인공지능을 무기로 노화나 죽음의 도래를 늦추는 여러 시도가 시작된다. 이번 세기 안에는 그 성과가 꽃을 피워 인간의 수명은 더욱 늘어날 것이다. 더욱이 디지털 클론을 계기로 인간의 마음이나 의식을 인공지능으로 재현하고, 생물학적인 한계를 넘어 영원히 사는 것이 현실적인 목표가 되어 간다.

---

*크레이그 벤터(John Craig Venter) 분자생물학자. 셀레라 제노믹스를 창업하여 인간 게놈을 해독한다. 현재는 휴먼 롱제비티(Human Longevity)에서 게놈 정보를 이용한 장수의 실현에 힘쓰고 있다.

악마를 잡아라
안전과 안심

2015년 현재, 세계는 테러의 위협에 노출되어 있다. 이라크나 시리아를 발단으로 나타난 과격파 조직이 주변의 터키나 튀니지 등의 국가를 비롯하여 파리 등지의 유럽, 인도네시아 등지의 아시아 그리고 미국…… 세계 전역의 온갖 지역에서 성전(지하드)이라는 이름으로 악마와 같은 테러를 벌이고 있다. 그리고 유감스럽지만 인터넷이나 스마트폰 기술이 이 같은 테러가 산발적으로 일어나는 것을 돕고 있다는 주장도 전면 부정할 수 없다. 실행범과 조직 간의 연락은 물론, 과격한 사상 그 자체를 확대하는 데도 인터넷이 이용된다. 더욱이 IS가 설립한 테러 기술의 연구기관, 통칭 '지하드대학(!)'에서 로봇이

자폭 테러를 실행하는 연구가 이뤄지는 영상이 인터넷에 유포된다.

한편으로는 이 같은 테러리즘이나 범죄의 방지를 위해 빅데이터와 인공지능이 활용된다. 이미 미국 산타크루스 시의 경찰은 과거의 데이터에서 범죄의 발생 확률이 높은 장소와 시간대를 예측하고 사전에 경찰을 파견함으로써 범죄 발생을 미연에 예방하는 예측경비라는 시스템을 도입했다. 그 결과, 이 시의 범죄 발생 건수를 17퍼센트나 낮추는 데 성공했다. 또한 뉴욕 경찰은 수사에 관한 정보의 조각들을 정리하고 조합할 수 있도록 왓슨을 도입하여 실험한다. 피터 틸Peter Thiel이 창업한 페이팔PayPal이라는 회사는 FBI나 CIA 등 미국 정부의 정보기관을 고객으로 하여, 개인에 대해 그들 기관이 모은 정보와 그 개인이 온라인에서 활동한 데이터를 조합하여 범죄의 조사나 감시에 이용한다. 미 정부 정보기관인 NSA가 개인에 대한 막대한 정보를 수집하여 감시하는 실태가 NSA의 직원이던 에드워드 스노든Edward Joseph Snowden의 폭로로 명확해졌다. 앞으로 이들 기술의 도입으로 범죄를 미연에 방지하는 것이 당연해지고, 지금보다 범죄나 테러의 발생을 대폭적으로 줄일 것이다.

나는 2030년 무렵에는 물리적인 범죄는 선진국에서는 거의 없어진다고 해도 놀랍지 않다. 범죄나 테러, 전쟁은 《공각기동대》에서 그려진 것처럼 오히려 인공지능을 대상으로 인공지능을 이용하여 이뤄지는 '사이버전'의 비율이 크게 높아진다.

인공지능은
환경위기를 극복하나
환경과 자원

이제까지 개인의 건강이나 사회의 안전에 대하여 이야기했지만, 환경과 자원은 그들 개별의 문제를 넘어 인류 전체가 직면하는 최대 위기가 된다. 2015년은 세계 각지에서 평균기온이 사상 최고를 기록하는 매우 더운 해였다. 산업혁명 후 100년 동안에 세계의 평균기온은 점차 상승하고, 이것은 20세기의 공업화 진전과 깊은 관계가 있다. 더욱이 UN의 예측에 의하면, 금세기 중에 세계 인구는 100억 명에 도달할 것이라고 한다. 오늘날에도 큰 문제가 된 식량, 물, 에너지 같은 자원의 배분은 앞으로 더욱더 어려워진다.

이런 환경과 자원의 문제를 해결하기 위해 빅데이터나 인공지능을 이용한 대처가 급선무다. 지금은 아직 그렇게까지 심각하게 생각하지 않지만, 2030년 무렵이 되면 이상기온이 지금보다도 많이 발생하게 되고 사태의 긴급성은 보다 널리 인식될 것이다. 특히 공공의 이익에 관한 데이터에 대해서는 대다수 국가의 정부가 오픈 데이터로서 제공하기 시작한다. 그리고 앞으로의 도시계획에는 이들 데이터를 활용한 의사결정이 이뤄진다.

예컨대 구글은 그런 목적으로 뉴욕 시의 전 부시장을 CEO로 한 사이드 워 클럽이라는 회사를 설립한다. 마치 심시티Simcity라는 도시경영 컴퓨터 게임이 현실이 된 듯, 도시에 관한 데이터를 부감적으로 파악하고 시뮬레이션을 하면서 도시계획을 하게 된다. 도시에 대한 데이터에서 특히 중요한 것은 각각의 건물 안에 각각의 기기가 어느 정도의 에너지를 소비하는지를 알 수 있게 된다는 것이다. 산출량 한계에 다다른 석유의 사용량과 온실가스의 삭감을 위해서도 에너지 사용의 효율화는 개개의 가정이나 사업자로서도, 지구 전체에 있어서도 해결이 급선무다.

전력망은 대형발전소에서 각각의 건물에 전기를 제공하는 현재의 중앙집중형에서 작은 발전 설비에서 전력을 잘 배분하는 분산형 스마트 그리드Smart Grid로 옮겨 간다. 이것은 특히 소규모의 발전량으로 공급이 안정적이지 않은 태양광이나 풍력이라는 재생 가능 에너지로 이행하기 위해 필요한 변화다. 한편 스마트 그리드를 실현하

인공지능, 아직 쓰지 않은 이야기

기 위해서는 각각의 건물의 전력 수요를 감시하고 그 변동을 예측하면서 개별 발전 설비의 예측 발전량에 맞춰 최적의 전력 배분을 결정할 필요가 있다. 이 같은 판단은 인간이 감당하기엔 어렵지만 인공지능이라면 얼마든지 가능하다.

기후변화의 문제로 돌아오면, 기온이나 대기 조성의 데이터를 계측하는 센서를 여기저기 설치하면 기후변화에 대하여 보다 면밀하게, 그리고 실시간으로 데이터를 얻을 수 있게 된다. 또한 그 데이터에 근거하여 기후변화의 이유를 분석하거나 필요한 대처 방안을 검토하기 위해 인공지능을 이용한다.

이처럼 환경과 자원 문제에 대처하는 데 빅데이터와 인공지능은 잠재력 있는 거의 유일한 솔루션이다. 그 때문에 인공지능의 개발은 적극적으로 진행되어야 한다.

일의 가치 역전
모라벡의 패러독스

지금까지 말해 왔듯이 인공지능은 우리의 라이프스타일을 크게 변화시킬 것이다. 그중에서도 우리의 일이나 일하는 방식에 어떤 영향을 미칠지가 가장 신경 쓰인다. 지금부터는 그것에 대하여 살펴보고 싶다.

1장에서도 말했지만, 기독교 교의에서 보자면 노동의 고통은 에덴동산에서 아담과 이브가 저지른 원죄의 벌로서 주어진 것이다. 인류 역사에서 과거에 인간이 힘들게 해온 경작, 운반, 제조, 가사 등의 온갖 물리적인 노동 대부분은 산업혁명 이후에는 기계가 대신하게 되었다. 그 결과, 특히 선진국에서는 인간이 하는 일의 대부분은 육체노동을 동반하지 않은 사람에 대한 서비스 제공이나 두뇌노동이고, 또한 공작 기계나 자동차 같은 기계를 조작하는 일이다. 육체노동이나 수작업의 숙련된 스킬은 크게 경감되고, 인간의 역할은 기억하는 것이나 인지하는 것, 판단하는 것 등 주로 머리에서 이뤄진다. 그래서 의사나 변호사, 증권거래사, 경영 매니지먼트, 과학자 등에게는 높은 수입과 사회적 지위가 주어진다.

앞으로 인공지능은 5장에서 설명했듯이 클라우드에 수집된 대규모 데이터와 딥 러닝과 같은 기술을 이용하여 인간의 뇌에서는 처리할 수 없는 대량의 정보를 얻고 그 정보 안에서 의미 있는 패턴을 스스로 발견할 수 있게 된다. 이로 인해 인간이 하는 판단을 돕거나, 일부에서는 인공지능만으로 판단을 내리는 경우도 나온다. 이것은 산업혁명 시대에 인간의 근육 움직임을 기계로 대체한 것과 마찬가지로 딥 러닝이 인간이 판단할 때 이용하는 대뇌신피질의 기능을 대신하게 된다. 그 결과, 두뇌노동에서 인간에게 필요한 지능을 기계가 대신하게 된다. 숙련된 재능을 가지지 않은 노동자라도 기계를 사용하면 육체노동을 할 수 있듯이, 두뇌노동에서도 인간의 지능보다 똑똑한 기계를 어떻게 사용하는가 여부가 능력이 된다.

이 전환은 온갖 산업과 일에 영향을 미칠 것이다. 그러나 영향을 일찌감치 받을지 말지는 그 일의 특성에 따라 달라진다. 그 하나의 지침으로서 인공지능 연구자 한스 모라벡Hans Moravec*은 인간으로서는 어려운 고도의 두뇌노동일수록 인공지능으로 실현하기 쉽고 일찌감치 익힌 감각이나 운동 능력의 실현은 어렵다는 역설을 지적하고, '모라벡의 패러독스'라고 이름 붙였다.

인간 어린 아이는 처음에 자기 몸의 움직임을 통해서 주변 사람들의 세계와 접한다. 발달에 따라서 눈으로 보고 사람이나 물건을 인식하게 된다. 이어서 말을 이용한 커뮤니케이션을 하게 된다. 숫자를 이용한 계산은 일반적으로는 그 후 마지막에 습득된다. 컴퓨터의 사용법은 훌륭하게도 이 반대의 길을 걸어왔다. 처음에는 숫자 계산을 하는 장치였다. 그 이후 말을 사용한 프로그램이나 명령어로 이용할 수 있게 되었다. 그 후 시각적으로 조작할 수 있는 퍼스널 컴퓨터가 등장하고, 아이폰 이후에는 터치 같은 동작으로 조작하는 것이 당연해졌다. 인공지능도 마찬가지 발달 과정을 밟는다.

---

*한스 모라벡(Hans Moravec) 오스트리아 출신의 인공지능 연구자. 카네기홀 대학에서 로봇공학 교수를 역임한다. 인간과 로봇은 일의 어려움이 역전한다는 '모라벡의 패러독스'를 제시한다.

인공지능, 아직 쓰지 않은 이야기

가장 먼저 변하는
두뇌노동

모라벡의 패러독스에 따르면, 곧장 인공지능을 이용할 수 있게 되는 일은 구조화된 문장이나 수학의 기호적인 정보를 다루는 의사나 변호사, 그 외의 두뇌노동, 이른바 '사' 자가 들어간 일이다. 예컨대 의사나 변호사라는 일을 생각해 보자. 여하튼 지금의 사회에서는 가장 고도의 전문성이 필요하다고 여겨지고 국가자격을 취득하는 것도 어렵다. 그것은 그 지식을 이용하여 환자나 고객의 상황에 맞춘 적절한 대처를 판단하는 능력이 요구되기 때문이다. 그러나 이것들은 오늘날의 인공지능이 잘하는 분야다.

예컨대 변호사 업무에서 그 대다수를 차지하는 것은 안건에 관련된 법률 내용을 파악하고 과거의 판례에서 그 법률을 적용하여 어떤 판결을 받았는가 하는 정보를 참고하는 일이다. 일본의 유빅ubic이 제공하는 Lit i View라는 서비스는 과거의 소송에 대한 데이터베이스에서 유사 판례의 데이터를 추출하는 것이다. 이것은 지금까지 법률사무소의 사무직원이 맡았던 일을 대체한 것이다. 다음 단계로서 컴플라이언스compliance에 대한 판단이나 소송 안건에 대한 대응도 인공지능이 그 방침을 제안하게 될 것이다. 변호사와 일부 직능이 겹치지만 특허나 의장의 지적 재산을 관리하는 변리사 업무에도 인공지능이 이용된다. 예컨대 기존의 특허 데이터베이스를 클라우드화하고 특허의 검색이나 유사 정보의 제공 등을 행한다.

회계 업무도 일본의 '프리'가 클라우드 서비스로 경리 프로그램을 제공하는데, 회계사와 계약하는 비용의 약 10분의 1의 가격으로 이용할 수 있다. 경리처럼 형식적인 수학의 룰을 적용하는 일은 본디 창조성을 발휘해야 하는 일은 아니다. 인공지능에 매우 적합한 일로, 인간이 관여할 여지는 결과의 체크 정도다(일본의 대기업에서 경리로 창조성을 발휘하면 엄청난 일이 되었다).

법무나 경리에 한하지 않고 경리자원관리(ERP)나 고객관계관리(CRM) 등 경영의 현상파악과 시책의 검토를 지원하는 비즈니스 인텔리전스Business Intelligence 시스템에 인공지능의 도입이 진행된다. 돈과 직접 관계된 일은 숫자를 다루기 위한 인공지능에 적합하다. 실제로 오늘날 이미 인공지능이 가장 많이 일하는 산업은 증권거래다. 미국의 증권거래에서는 이미 50퍼센트 이상의 거래가 프로그램에 의한 자동판매로 이뤄진다고 추계된다. 이들 시스템은 시장의 동향에 나노(10억 분의 1) 초 단위로 반응하는 프로그램으로, 연쇄적으로 반응하기 때문에 최근 빈발하는 세계적인 연쇄 주가 폭등의 직접적인 요인이 된다. 또한 오늘날 파이낸셜 플래너Financial Planner가 하듯이 개인을 대상으로 자산운용 조언을 행하는 인공지능이 등장했다.

각종 과학 연구와 관련된 인공지능의 활용에 대해서는 여기서 모두 말할 수 없지만, 일례를 들면 신약 개발 분야는 매우 유망하다. 오늘날의 신약 개발은 이미 단백질 구조의 분자동력학에 의한 원자·분자 수준의 행동 시뮬레이션을 하여 막대한 조합을 계산하기 때문에 슈퍼컴퓨터의 이용이 필수다. 이같이 데이터에서 패턴을 추출하는 데 인공지능의 활용이 진행된다.

또한 요즈음 연구 과정의 부정이 화제가 되고 적절한 실험기록 노트가 공개되지 않았던 것이 문제가 되었다. 장차 과학 연구에서는 데이터의 클라우드 보관과 논문 심사 때 그 데이터를 이용한 추가 실험 등의 채록이 요건으로서 요구된다.

이처럼 구조화된 문장이나 숫자의 기호적인 정보를 다루는 일에서는 이미 인공지능이 활동하고 있으며 일의 성과에 큰 차이를 낳는다.

보고 듣는
인공지능
패턴정보의 처리

딥 러닝의 등장으로 인공지능은 기호적인 정보에 그치지 않고, 구조화되지 않은 패턴정보도 다루게 되었다. 예컨대 일반적인 문장이나 대화의 언어정보, 화상이나 영화 등의 시각적인 정보나 음성 같은 정보도 잘 다루게 되었다.

　말로 커뮤니케이션을 행하는 콜센터나 창구, 판매 같은 업무에는 앞으로 커뮤니케이션 능력이 향상된 인공지능을 활용하게 될 것이라 생각한다. 옥스퍼드 대학이 2013년에 발표한, 인공지능으로 대체될 가능성이 높은 직종 중 가장 높은 순위는 전화업무였다. 이미 콜센터에서는 음성인식에 의한 자동응답이 이용된다. 2015년에 일본의 미즈호 은행은 콜센터 업무를 왓슨에게 맡겼다. 또한 페퍼가 이미 채용되어 있는 곳으로는 은행이나 커피머신 회사의 판매직이 있다. 페퍼는 또한 고령자 시설의 오락 프로그램에 이용되는 실험이 이루어지고 있다. 이 같은 한정된 접객이나 고객에 대한 대응이라면 이미 지금의 인공지능으로도 가능하다.

AP통신은 이미 2014년부터 주식시장 관련 보고의 집필을 인공지능에게 맡기고 있다. 이어서 시각적인 정보를 처리하는 디자인 등에 사용될 것이다. 이런 일은 감성을 다루는 일이기 때문에 인공지능이 곧 활약하는 것은 어려울 것이라고 생각하지만, 창조적인 행위에도 인공지능이 이용된다. 예컨대 1997년 산타크루스 음악제에서 데이빗 코엡David Koepp이라는 음악가가 바흐의 악곡 스타일을 토대로 인공지능이 작곡한 곡을 연주했는데, 관객의 절반 이상이 실제 바흐의 악곡과 인공지능의 작품을 구별하지 못했다고 한다.

나의 본업인 디자인에서도 2015년에 웹 디자인을 콘셉트에 맞춰서 자동으로 디자인하는 '더 그리드THE GRID'라는 서비스를 시작했다(나도 2030년에는 실업자가 될지 모른다). 최근 일어난 일로 2020년 도쿄 올림픽의 로고가 기존 해외 로고의 저작권을 침해한 가능성을 지적받아 문제가 되었다. 로고나 상표의 유사 조사는 현재는 사람들이 하고 있지만, 앞으로는 인공지능을 이용하게 될 것이다.

언어, 화상, 음성 등 구조화되지 않은 패턴정보의 이해는 딥 러닝에 의해 비약적으로 진행되었다. 그 결과 인공지능의 응용 범위가 기호적인 정보의 취급에서 크게 확대되어 지금까지는 인간밖에 할 수 없다고 생각했던 일을 대신하게 된다.

인공지능, 아직 쓰지 않은 이야기

몸을 가지고
태어나는 인공지능

마지막으로, 인공지능은 인간의 아기처럼 몸을 획득하고 몸을 이용한 집안일이나 육체노동, 간병이나 농업 같은 일을 하게 된다. 폐퍼의 예처럼 인공지능은 로봇에 탑재됨으로써 물리적인 일을 할 수 있게 된다. 사무실이나 집 등 생활공간에서 자연스럽게 움직이거나 작업하는 것은 지금 로봇에게 어려운 과제로, 현재는 공장의 정비된 환경에서 틀에 짜인 작업밖에 할 수 없다.

그러나 딥 러닝 이후 스스로 배울 수 있는 인공지능은 변화가 있는 환경이나 틀에서 벗어난 작업에 대해서도 배우고 적응할 수 있다. 그 때문에 장기적으로 보면, 로봇이 드디어 사무실이나 집, 거리처럼 사람이 있는 공간에 들어온다.

　그런 로봇은 우선은 육체노동을 대신하기보다는 커뮤니케이션 미디어로서 이용된다. 최근에 보급된 것은 인공지능을 이용하기보다는 인간이 원격 조정하는 방식이다. 바퀴가 달린 차체에 아이패드를 달아 원격지에 있는 사람이 회의에 참가할 수 있게 한 '더블 double'이라는 로봇이 많은 기업에 도입되고 있다. 이 같은 서비스를 원격현전tele-presence이라고 말한다. 원격지에 있는 인형 로봇의 시점으로 들어가 움직임을 조작할 수 있는 원격현전 로봇을 이용하여 가상현실적인 여행을 하거나 간단한 작업을 원격으로 하는 것이 당연해진다.

　앞으로 인공지능을 탑재함으로써 인형 로봇이 육체노동을 대신할 것이다. 오늘날 대표적인 것으로는 청소기 로봇 룸바를 꼽을 수 있다. 룸바를 개발한 것은 민스키의 제자로, 스승의 뒤를 이어 MIT의 인공지능연구소장에 오른 로드니 브룩스Rodney Allen Brooks이다. 로봇은 딥 러닝을 이용함으로써 보다 복잡한 작업도 할 수 있게 된다. 2015년에 캘리포니아 대학 버클리에서 개발된 로봇 '브레드'가 세탁물을 깔끔하게 개는 비디오를 공개했다. 아직 로봇의 작업은 매우 느리지만 무어의 법칙에 따라 그리 멀지 않은 장래에 인간과 다름없거나 그 이상의 속도로 집안일이 가능한 로봇이 등장할 것이다. 특히 고령화가 진행된 사회에서는 고령자 자신의 이동을 비롯한 일상생활에 큰 노력이 필요하므로 로봇의 활용이 기대된다.

브룩스는 또한 팩봇Packbot이라는 군용 로봇도 개발하였는데, 동일본 대지진의 재해지인 후쿠시마 제1원자력발전소에서 사고가 발생한 직후에 방사선 양의 계측이나 동영상 촬영에 이용되었다. 지금도 원자력발전소의 후처리에 많은 작업원이 힘쓰고 있다. 2015년에 DARPA는 이 같은 참혹한 재해 현장에서 작업하는 로봇의 콘테스트를 개최했다. 재해 현장처럼 위험한 환경에서의 작업은 앞으로 로봇이 맡게 된다. 로봇의 실현과 인공지능 기술은 떼려야 뗄 수 없는 관계에 있다.

인간이 운전하는 것은 너무 위험하다

교통과 유통

로봇이라고 하면 앞에서 말한 바와 같이 페퍼나 아톰으로 대표되는 인형을 생각할지 모른다. 그러나 인형 로봇보다도 일찌감치 보급되어 사회에 강한 인상을 안겨 준 '움직이는' 인공지능이 있다. 그것은 인공지능을 탑재하여 자율적으로 움직이는 자동차나 드론이다.

실제로 우리 생활공간에 가장 빨리 보급되는 로봇은 자동운전차일 것이다. 처음에는 완전한 자동운동이 아니라 일부의 성가신 조작을 인공지능이 대신하는 기능을 실현한다. 이미 일부 고급차에서는 자동으로 앞차와의 거리를 조절하는 기능이나 자동으로 차고에 들어가는 기능이 탑재되어 있다.

테슬라는 2015년에 고속도로에서의 자동 핸들 조작이나 자동 추월 기능을 클라우드에서 다운로드 받아 제공하기 시작했다. 닛산도 2016년에 고속도로의 자동 운전기능을 탑재한 차의 발매를 공표한다. 그 외에도 도요타 자동차를 비롯하여 자동차 회사는 빠짐없이 인공지능을 이용한 자동운전 또는 운전보조 기술의 개발에 착수한다. 또한 전 세계에서 이용되는 우버 택시나 일본의 디엔에이DeNA도 자동운전 기술의 개발에 힘쓰고 있다. 애플도 테슬라에서 기술자를 스카우트하여 자동운전차의 개발을 진행한다는 소문이 있다. 2030년까지는 완전한 자동운전도 실현될 것이다.

구글이 보고한 것처럼 자동운전차의 안전성이 매우 높다는 것이 확인된다면 자동차 보험에 있어서도 인간이 운전하는 자동차와는 큰 차이가 생길 것이다. 또한 친환경 자동차 감세 정책처럼 자동운전차의 구입에 세제 혜택이나 보조금이 지급될 가능성도 있다. 이 같은 경제적인 유도가 이뤄진다면 지금의 차량 내비게이션 탑재율 정도의 비율로 자동운전 기능이 탑재될 가능성이 있다.

자동운전은 단순히 운전자의 노고를 없애는 것만이 아니다. 예컨대 자동차는 소유에서 이용으로 그 가치가 바뀌어 갈 것이다. 인터넷을 활용하는 젊은 층을 중심으로 우버나, 에어비엔비Airbnb 같은 '공유경제형'이라 불리는 서비스가 널리 이용된다. 이 흐름은 앞서 말한 에너지 자원의 감소로 더욱 가속화된다. 사회로서도 개인으로서도 자동차 소유의 비용은 높아지고, 또 스스로 운전하지 않기에 자동차에 대한 애착은 약해진다. 이들을 통합한 결과로서 자동차는 소유하는 것이 아니라 필요한 때에 불러서 이용하는 이동 서비스로 바뀌어 간다. 마리가 탔던 셰어라이드가 그 예다.

자동운전차를 비롯한 로봇은 인간의 이동뿐 아니라, 물류 전체에 이용된다. 원래 사물인터넷이라는 말은 P&G에 근무했던 케빈 애쉬튼Kevin Ashton*이 무선 IC 태그를 이용한 서플라이 체인의 효율화라는 아이디어를 지칭한 것이다. 아마존은 이미 자사의 창고 안에서 상품을 운반할 때 로봇을 이용하고 있다. 아마존은 또한 상품의 배송에 드론을 이용하는 구상을 발표했다. 보다 현실적으로 운송용 트럭의 대부분은 자동운전이 된다.

구글도 대다수 로봇 기업을 매수하지만,《뉴욕타임스》가 보도한 바에 의하면 그 목적 중 하나는 물류의 자동화다. 이처럼 물류 공정의 대부분이 자동화됨으로써 물류비용은 대폭적으로 내려간다. 아마존은 창고 안에 로봇을 도입함으로써 2년간 5억~10억 달러의 인건비를 삭감했다. 배송 비용이 내려가면 온라인 쇼핑이 더욱 늘어날 것이기에 아마존이나 구글의 사업자에게는 이익이 된다.

이런 자동운전을 실현하기 위한 기반이 되는 것이 교통에 대한 데이터 수집이다. 일본에서는 일찍부터 도로에 설치된 센서를 이용하여 간선도로의 정체 발생을 검출하는 VICS 정보가 제공되고 있다. 더욱이 혼다가 '인터 내비'라는 서비스로 개개 자동차의 이동 이력을 수집하고 정체 발생이나 그 정보에 근거한 최적의 루트를 제안하고 있다. 2013년에는 구글이 동일한 서비스를 스마트폰을 이용하여 제공하는 웨이즈ways라는 서비스를 매수하여 구글맵에 도입했다. 또한 구글 출신이 세운 어번엔진스Urban Engines라는 미국 기업은 전차나 버스라는 교통기관의 데이터를 해석하고, 그 결과에 근거하여 이용자를 분산시켜 효율적인 운전이 가능하도록 만드는 서비스를 하고 있다. 이처럼 수집된 데이터는 자동운전의 실현에도 활용된다.

이처럼 세밀한 작업 이전에 우선은 사람이나 물건을 이동하는 자동운전차나 드론이 생활에 들어온다. 이 책을 집필하는 중에 우버가 보급된 샌프란시스코에서 최대 택시회사가 도산했다. 기존의 교통이나 물류 산업의 대부분은 이처럼 대체되어 간다.

우리의 일을 인공지능에게 빼앗길까

지금까지 보았듯이 여러 기업에 인공지능이나 로봇이 도입된다. 그렇게 되면 과연 인간이 할 일이 남을까, 하는 의문이 들 것이다. 그러나 인공지능과 로봇이 일을 완전히 스스로 하는 것은 아직 몇 십 년 단위의 시간이 걸리는 특이점 도래 이후의 일이라고 생각한다.

인공지능이 맨 처음 인간을 꺾었던 체스에 대하여 생각해 보자. 인간 챔피언을 무너뜨린 IBM의 딥블루는 혼자서 체스를 한 것이 아

니라 인간인 스태프와 협력했다. 이 예가 가르쳐 주듯이 앞으로의 직
업을 생각할 때 인공지능으로 대체될 수 없는 것을 고르기보다는 인
공지능을 사용하여 얼마나 생산성을 높일 것인지를 생각해야 한다.

에덴동산에서 지혜의 과일을 베어 먹고 얻은 지능과 그 원죄에
대한 벌인 노동의 고통. 이제 그 원죄를 용서받고 우리는 일이라는
것을 서서히 인공지능과 로봇에 넘겨준다. 그것은 몇 세대를 걸쳐서
서서히 이뤄질 것이다.

---

*케빈 애쉬튼(Kevin Ashton) 영국의 사업가, 연구자. 서플라이 체인(Supply
Chain) 관리를 위한 무선 IC 태그의 이용을 제안하고, 사물인터넷(IoT)이라는 말을
만들어 냈다.

인공지능, 아직 쓰지 않은 이야기

자유로운 개인의
근대는 끝났다

이번 장 첫머리에 말하였듯이 오늘날 우리의 사회는 서구 기독교 사회에서 신을 죽인 것에서부터 시작되었다. 종교가 살아가는 의미나 윤리의 규범이 되었던 지금까지의 사회에서는 신은 어디에든 나타나 사람을 심판했고 사람은 신의 은혜에 감사해야 했다.

근대에 신을 죽인 것은 두 가지 신념이었다. 하나는 세계의 중심을 신이 아닌 인간 자신에 둔 인간중심주의. 이 인간중심주의가 자신의 내면에 규범을 가지고 스스로의 행위에 책임을 지는 근대적인 개인을 만들었다. 신을 중심으로 한 세계관에서 보면 이 인간중심주의는 신에 대한 모독이다.

신을 죽인 또 하나의 신념은 과학주의였다. 이것은 현실의 현상을 객관적이고 정량적으로 측정하고 현상을 표현하는 모델을 만들고 그 모델을 이용하여 현상의 행방을 예측하고 현상에 개입함으로써 제어할 수 있다는 신념이었다. 과학의 힘을 이용하여 인간은 신의 은혜에 의지하지 않아도 세계를 이해하고 세계를 생각한 대로 만들어 갈 수 있게 되었다.

컴퓨터와 인공지능은 노이만이라는 과학주의 화신의 자손이다. 노이만은 기후에서 생물, 경제에서 무기까지, 온갖 현상에 대하여 과학적인 방법으로 예측과 제어를 할 수 있음을 보여 주었다. 그리고 자신의 그 능력을 컴퓨터라는 기계로 남겼다. 컴퓨터라는 지혜의 열매의 정체는 이처럼 계측하고 모델화하고 예측하고 제어한다는 과학주의의 아이디어에 형태를 만든 것이다.

웨어러블 기기, 사물인터넷 기기는 온갖 사람과 장소에 있고, 그들 행동에 대한 데이터를 구름 위의 클라우드에 모은다. 이처럼 천년왕국에서는 개인이나 부정이라는 비밀을 지키는 것이 공사를 불문하고 매우 어려워진다. 비밀을 지키기 위해서는 비용이 든다. 그렇게 모은 데이터를 근거로 딥 러닝을 학습한 인공지능이 적절하다고 생각되는 판단을 내리고 우리는 그 음성에 귀 기울이고 대부분의 경우에 그에 따르면서 살아가게 된다. 지금까지 높은 보수나 사회적인 지위를 얻어 왔던 두뇌노동 전문가의 역할은 상대적으로 작아진다. 대신 전문적인 판단을 하는 인공지능과 인공지능을 사용하는 사람의 가치가 높아진다.

이것이 과연 바람직한 세계인지는 사람에 따라 크게 의견이 갈릴 것이다. 특히 근대적인 개인의 자유에 높은 가치를 둔 자유로운 사고방식을 가진 사람에게는 받아들이기 어려운 것일지 모른다. 자원과 환경 문제에 대한 대처, 질병이나 사고의 리스크를 줄이는 것, 범죄나 테러리즘을 없애는 것, 기업이나 정부가 개인의 여러 부정을 방지한다는 관점에서 온갖 데이터를 공개하고 판단을 인공지능에 의지하려는 경향은 점차 커진다. 7개의 봉인이 풀림으로써 부활한 신의 아들은 이처럼 우리의 세계를 어느 면에서는 왕처럼 지배하게 된다. 그리고 천년왕국을 만든 신의 아들과 악마의 최종 전쟁, 아마겟돈이 일어나고 신의 군대가 승리한다.

우리 개인의 자유라는 것은 죽음조차 초월할 수 있을지 모르는 은혜의 대가로, 과학과 인공지능 앞에 쓰러뜨려야 할 악덕일까? 우리는 자신이 만들어 낸 기계에 지배자의 왕좌를 양보하는 것일까? 그 대답은 천년왕국의 최후에 찾아온다는 세계의 종말, 최후의 심판에 맡겨진다.

인공지능은
우리를 구할까,
멸할까

최후의 심판

나는 홀로그램의 푸른빛을 발하는 피트의 눈을 응시한다. 이 애교스
러운 얼굴 이면에서 몇 백 대의 컴퓨터가 우리를 끊임없이 계산하고 있
을 것이다. 불현듯 초조함이 나를 엄습했다.

"피트, 오늘은 이제 슬립모드에 들어가도 돼."

"오늘은 이르네. 아무래도 좋지만. 잘 자."

피트의 눈에서 빛이 사라지고, 나의 가슴에 소용돌이가 인다. 이러면
그저 평범한 팔찌다. 실제로는 슬립모드 중에도 마이크나 센서는 정보를
계속 수집하고 있다. 그래도 지금은 잠시 피트와 떨어져 있고 싶었다.

정신을 차리고 보니 나는 예배당까지 달리고 있었다. 신부님은 없고
기도하고 있는 중년 여성이 있었다.

"신부님은 계세요?"

"지금은 납골당에 계실 거야."

예배당 안에 있는 지하 납골당으로 향하는 나선 계단은 석양이 비치
는 스테인드글라스에 둘러싸여 있다. 스테인드글라스는 그리스도의 생
애를 그리고 있다. 마구간에서의 탄생, 신의 가르침을 설교하는 모습, 제

자들과의 최후의 만찬, 십자가 위에서의 수난, 그리고 부활.

계단을 내려가니 안쪽 제단에 신부님이 있었다.

"오, 마리. 이런 곳에 오다니 드문 일이구나. 그래도 여기는 이 성당 안에서도 죽은 자를 모시는 신성한 장소이니 쿵쾅거리면 안 돼."

"죄송해요. 하지만 지금 꼭 드릴 말씀이 있어요. 요전에 신의 나라에 대해서 말씀하셨죠."

"그랬지. 예수 그리스도가 다시 지상에 내려오셨을 때, 천년 동안 신의 왕국이 이어진다고 했지."

"그 이후에는 무슨 일이 일어나나요?"

가뜩이나 무뚝뚝한 신부님의 얼굴이 평소보다 더 험악해졌다.

"바티칸의 시스티나 성당, 그 천장에 무엇이 그려져 있는지 아니?"

"음, 그게……."

일단 이것도 역사 수업의 일환이다.

"분명 미켈란젤로가 그린 최후의 만찬이요."

"그래, 요한 묵시록에 나온, 최후의 만찬. 대개 그 말 정도는 들어봤을 거야. 그러나 그것이 무엇을 의미하는지 진정으로 알고 있는 사람은 매우 적지."

"최후의 만찬에서, 무슨 일이 일어나요?"

"먼저, 이제까지 태어나 죽어간 모든 사람들이 되살아나. 물론 이 납골당에 잠든 사람도. 그리고 예수 그리스도가 갖고 계신 생명의 서에 따라서 바르게 생을 살았던 사람과 그렇지 않은 사람이 채로 걸러져. 그리고 지금 우리가 살아가는 지상의 세계는 종말을 맞이해. 바르게 산 사람들은 새로운 세계에서 영생을 얻는데, 그곳에서는 모든 고통이나 슬픔은 사라지고 없어."

"이 세상이 끝나고, 체에 걸러진 바르지 못한 사람들은 어떻게 되는 거예요?"

"불구덩이에 던져져 두 번째 죽음을 맞이해, 이번에는 결코 되살아날 수 없는 영원의 암흑이 기다리지."

잠시, 침묵이 우리 둘을 휘감았다. 침묵을 깬 것은 신부님이었다.

"물론 우리 천주교인 중에도 그리스도의 재임이나 묵시록의 세계가 곧 찾아올 것이라고 생각하는 사람은 없어. 그것은 우리가 걸어야 하는 길을 제시하는, 우화 같은 것이라고 생각하는 사람이 많아. 그런데 최근에 최후의 심판이 조만간 일어날 것이라고 생각하는 사람들이 많아졌어. 나는 그들을 올바른 천주교인이라고 인정할 수 없지만. 마리는 들어본 적 있니? 특이점논자라는 사람들에 대해서."

나는 그런 사람들에 대해서는 알지 못한다.

"중심이 되는 것은 저명한 기술자나 연구자야. 그들은 최후의 심판이 가까운 미래에 일어날 것이라고 주장해. 단지, 그것은 예수 그리스도에 의해서가 아니야. 그들은 역겹게도……."

신부님이 스테인드글라스를 올려다본다.

"인공지능이 최후의 심판을 일으킨다는 거야."

마음이 있는 기계에 대하여 조사를 시작했을 때부터 나는 어떤 예감이 있었다. 그것은 그날 봤던 꿈 때문인지도 모른다.

세계 종말의 꿈. 인공지능은 최근 100년 동안에 너무나도 급속히 진화해 왔다. 우리가 마음을 만든다면, 그것은 올바른 마음이 될까? 그리고 우리는 지금처럼 지상의 지배자로 있을 수 있을까?

익숙한 세계를
끝내다

이 책에서는 컴퓨터라는 것이 태어나 우리의 세계를 바꿀 때까지의 100년이라는 시간을 살펴보았다. 1980년에 태어난 내가 게임을 통해서 컴퓨터와 접한 것은 막 철이 들기 시작했을 무렵이었는데, 이것이 세계를 바꿀 존재라는 것을 어렴풋이 직감했다.

그 후, 공적으로나 사적으로나 컴퓨터와 오랜 시간에 걸쳐서 관계하는 동안에 그 영향이 생활 속에 확산되어 가는 것을 체감하면서 지금껏 살아왔다. 옛날에는 컴퓨터에 흥미를 갖지 않았던 사람들이 하루 몇 시간이나 스마트폰으로 웹이나 메시지를 이용하게 된 것을 직접 보게 되었다.

그처럼 눈에 보이는 곳부터 우리 사회를 지탱하는 인프라에 이르기까지 컴퓨터라는 것이 짧은 기간에 얼마만큼 우리 세계에 깊이 들어왔는가? 그리고 가까운 미래에는 더욱 극적으로 우리의 세계를 바꾸게 되는가? 컴퓨터는 어디서 와서 어디로 향하는가? 그것을 실감하는 것이 이 책을 쓴 동기였다.

일반적으로 미래 예측이라는 것은 그렇게 당연한 것이 아니다. 19세기에 이뤄졌던 20세기의 예측에서 우리는 하늘을 나는 자동차를 타고 동물과 대화를 나누게 될 것처럼 말했다. 그럼에도 불구하고 컴퓨터의 진화에 대해서는 일정한 법칙을 발견할 수 있다. 컴퓨터의 계산력이 2년 만에 2배가 된다는 무어의 법칙, 그리고 네트워크로 연결되는 컴퓨터 수의 2승으로 그 가치가 증가한다는 메트칼프의 법칙. 이 두 개의 '신의 법칙'에 이끌려 컴퓨터는 지금 사람의 지능 수준으로 범용 인공지능을 실현하고 우리를 신의 은혜와 권위에 지배받는 천년왕국으로 이끌고 간다. 그러나 그 너머에는 무엇이 기다리고 있을까?

시리의 음성인식을 개발했으며 6장에서도 등장한 인공지능의 제일인자 레이 커즈와일은 컴퓨터를 비롯한 우리 인간이 만들어 낸 기술의 진보는 무어의 법칙이나 메트칼프의 법칙에 한하지 않고 일반적으로 지수 함수적으로 가속하고 있다고 말한다. 그리고 그 변화는 곧 무한하게 커지고 거기서 앞을 예측할 수 없는 '특이점'에 도달한다고 예언한다. 그 너머의 세계에서 우리 인간은 인공지능과 융합하고 신과 같은 초지능이 되어서 이윽고 우주에 널리 그 지능을 펼쳐 가게 될 것이다.

마치 SF나 초자연적 이야기처럼 들릴지 모르지만, 커즈와일과 같은 기술 전문가를 포함한 그 신봉자들은 특이점의 도래를 진지하게 믿고 있다. 커즈와일은 지금은 구글에 소속되어 그 풍부한 자금이나 기술을 특이점의 실현을 위해서 이용하고 있다.

〈요한 묵시록〉에 기록된 계시의 최후에는 천년왕국도 종말을 맞이한다. 그곳에서는 구세주 앞에 모든 죽은 자가 되살아나고, 신의 낙원에서 영원의 생명을 얻는 옳은 자와 불구덩이 속에 던져져 다시 죽어 두 번 다시 되살아날 수 없는 죄인을 체로 거르는 최후의 심판이 이뤄진다.

커즈와일이 믿듯이 과거 에덴동산에서 쫓겨난 우리 인간은 인공지능을 받아들이고 다시 낙원에 돌아갈 수 있을까? 아니면, 불구덩이 속에 던져져 멸망하게 될까? 여하튼 오늘날 우리가 친숙한 세계는 그리 멀지 않은 시기에 종말을 맞이할지 모른다.

세계는 늘
디지털 정보가
바꾼다

원래 우리 인간은 어디서 왔고, 세계에 이토록 큰 변화를 가져오게 된 것일까? 컴퓨터의 등장 이전, 우리 인간이 등장하기 훨씬 전부터 이 지구에는 생명이 태어나 실제로 38억 년이라는 기나긴 시간을 거쳐 환경에 적응하고 조금씩 변화하면서 복잡함을 증가시켜 왔다. 지금 우리가 우주에 대하여 아는 한 이 같은 현상은 지구 외에는 발견되지 않는다. 따라서 우리의 선조가 생명이나 인간은 신이 만든 것이라고 생각한 것도 무리는 아니다. 우리는 마치 무에서 유가 태어난 것 같은 존재이기 때문이다.

그러나 20세기에 들어 생명에 대한 인식의 대전환이 일어났다.

생명현상을 지탱하는 것은 DNA 정보라는 것이 발견되었다. 게다가 그 정보는 불과 4종류의 문자밖에 없는 디지털 정보였던 것이다. 찰스 다윈*이 주장한 생물의 진화를 실현하는 것은 DNA라고 생각하게 되었다. 환경에 적응하고 자손을 남기기까지 살아남기에 성공한 생물의 DNA가 다음 세대로 이어지고, 또 그 과정에서 DNA가 변화함으로써 우리 인간도 만들어진 것이다.

단순한 박테리아에서 우리 인간과 같은 복잡한 것을 포함한 온갖 생물이 죄다 같은 디지털 정보(하물며 불과 4종류의 문자밖에 없다)를 기반으로 하고 있다는 것은 놀랄 만한 일이다. 달리 말해 지구는 DNA라는 디지털 정보를 이용하는 것으로 보다 복잡하게 진화하는 방법을 얻었다. 1장 처음에 컴퓨터의 천지가 창조된 것은 0과 1로 '나누는' 디지털 정보의 발명에서 시작되었던 것을 떠올려 보자. 애니메이션 〈신세계 에반게리온〉에 비유하자면 DNA는 지구에 인식체계의 대전환을 일으킨 '퍼스트 임팩트'였다.

그저 DNA의 코드를 발달시키는 데는 생물의 세대교체를 통한 자연도태가 필요하고, 코드에 의미가 있는 변화가 일어날 때까지는 몇 만 년 단위라는 막대한 시간이 걸린다. 생명은 이 DNA를 토대로 진화하는 방법으로 오랜 시간에 걸쳐서 단세포생물에서 다세포생물이 되고, 스스로 움직이는 능력을 익히고 바다에서 육지로 올라와 마침내는 지상을 정복하기에 이르렀다. 지구상에는 여러 다양한 생물이 번영하고, 생존경쟁을 벌이는 생태계가 형성되었다.

그러는 가운데 지금의 아프리카에서 발생한 어떤 생물이, 생명의 역사 속에서 아주 순간인 10만 년 동안에 세계에 퍼져 다른 모든 생물을 압도하고 지구를 제 것인 양 활보하게 되었다. 물론 우리 인간이다. 당시 지상을 활보했던 대형 동물에 비하여 작고, 날카로운 발톱이나 이빨도 없는 우리 인간이 그 같은 지위를 차지하는 데 이른 것은 도구를 이용한 사냥이 가능했기 때문일 것이다. 도구를 사용한다는 것뿐이라면 침팬지도 나무를 창으로 이용하거나 낚싯대를 사용하여 물고기를 잡거나 하는 경우가 있다는 것은 알고 있다.

인간이 결정적으로 달랐던 것은 누군가가 발견한 지식을 표현하고, 다른 개체나 세대에 전하고 축적해 가는 것이었다. 그것을 실현한 것은 역시 디지털 정보였다, 언어라는 이름의. 언어의 탄생은 DNA의 탄생 이래 '세컨드 임팩트'였다.

인간은 DNA가 자연도태로 변화하는 몇 만 년이라는 시간을 거칠 필요 없이, 언어를 이용하는 것으로 세계를 파악하고 표현하고 시뮬레이션하고 그 결과 얻은 지식을 축적하거나 전달할 수 있게 되었다. 그로써 우리는 기술을 이용한 문명을 만들었고 다른 생물을 압도적으로 추월하게 되었다('문명'의 정의는 여러 가지가 있지만, 대다수가 문자의 이용을 조건으로 꼽는다). 인간은 언어를 손에 넣고 세상의 온갖 것을 언어로 만든 이야기로서 이해하게 되었다. 인간이 스스로

인공지능, 아직 쓰지 않은 이야기

보거나 듣거나 할 수 있는 범위의 세계에 대해서는 경험에서 지식을 배울 수 있었다.

그러나 세계는 그것으로는 대답을 얻을 수 없는 문제로 가득하다. 본디 세계와 인간은 어디서 왔는가? 우리는 왜 태어나고 죽는가? 태양이나 별은 왜 반복하여 운행하는가? 이 같은 문제에 대해서는 경험칙에 의지해도 답은 나오지 않는다. 그 때문에 우리의 선조는 그것들을 인지를 초월한 존재, 신이 가져온 경의라고 생각하게 되었다. 이렇게 종교가 탄생한다.

6장에서 보았듯이 서구 세계에서는 기독교가 오랫동안 세계를 설명하는 체계를 제공했지만 과학기술의 발달과 인간중심주의의 대두로 인간이 직접 세계의 신비를 밝히게 되고 신의 권위는 실종되고 끝내 죽음을 당하기에 이르렀다.

인간의 언어 중에서 특히, 수학의 발달은 과학기술 발달의 큰 원동력이 되었다. 노이만이 수학이라는 툴을 이용하여 원자폭탄부터 기상, 생물까지 삼라만상을 자유자재로 다룰 수 있었던 것을 떠올려 보자. 당초 컴퓨터는 진공관이라는 전기회로를 이용했는데, 그것으로도 이미 인간보다 훨씬 고속으로 계산할 수 있었던 것이다. 그 후 컴퓨터는 트랜지스터를 이용함으로써 빛의 속도로 계산할 수 있게 되었다. 그 뒤로는 양자 컴퓨터에 의해 계산에 걸리는 시간이 사실상 제로인 경우도 나온다.

그들 예언자들 – 특히 튜링 – 은 의도한 것은 아니었음에도 불구하고 디지털 정보를 처리할 수 있는 기계(컴퓨터)라는 서드 임팩트를 가져온 것이다. 우리는 노이만이 만든 원자폭탄의 충격보다도 훨씬 큰 여파를 계속하여 받고 있는 것이다.

이처럼 이 지구가 생명을 얻어 몇 억 년이라는 세월에 걸쳐 복잡하게 진화시켰고, 거기에 인간이 문명을 만들어 과학기술을 발달시키고 지구의 지배자가 되었다. 그 모든 근원에 있었던 것은 DNA, 언어, 수학 등의 디지털 정보였던 것이다.

창세기의 시작, 신은 세계를 창조하기 위해 '빛이 있으라'고 말했다. 신약성서의 중심을 이루는 〈요한 복음서〉는 신의 본질은 언어라는 선언으로 시작된다.

'태초에 말씀이 있었다.'

생명과 마음과 지능의 모든 것은 언어로 대표되는 디지털 정보로서 현상을 표현하고 그 정보를 계산함으로써 생겨난 것이었다. 따라서 디지털 정보를 계산할 수 있는 기계인 컴퓨터 – 그것도 우리 인간보다 훨씬 고속으로 계산할 수 있는 – 만이 인간을 넘어서는 신과 같은 초지능을 만들어 낼 가능성을 갖고 있다.

---

*찰스 다윈(Charles Robert Darwin) 19세기의 생물학자. 갈라파고스제도의 생물 연구에서 자연도태에 의한 진화론을 제안. 현대 생물학의 기초를 만들었다.

특이점은 곧
찾아온다

언어로 열린 우리의 문명은 인간 이전의 지구 역사에서는 있을 수 없었던 속도로 세계를 만들고 변화시켰다. 산업혁명 이후의 기술 발달로 우리는 굶주림이나 위험한 생물, 질병을 극복하고 20세기의 불과 100년 동안에 세계의 평균수명은 30세에서 70세로 2배 이상 늘었다. 특히 우리의 선조가 몇 천 년이라는 기간에 걸쳐서 큰 변화가 없는 나날을 보내 왔다는 것을 생각하면이 같은 변화는 놀랄 만한 것이다.

그런데 컴퓨터의 진보 속도는 지금까지의 과학기술 진보의 속도로 생각해도 압도적이다. 거기에는 마치 우리의 의지를 초월한 어떤

자-신일까?-의 의지가 작용하는 것처럼 보인다. 컴퓨터 산업의 종사자로서도 그 변화 속도를 따라가는 것이 그리 간단한 일이 아니다. 대형 컴퓨터의 지배자였던 IBM은 퍼스널 컴퓨터 시대에는 마이크로소프트에 그 패권을 내주었다. 그 마이크로소프트는 클라우드와 모바일 시대의 도래와 함께 구글이나 애플에게 뒤처졌다. 앞으로 인공지능과 로봇의 시대에 누가 패권을 쥘 것인가는 아직 분명하지 않다.

너무나도 빠른 변화 때문에 컴퓨터는 우리 인간의 1세대가 활동하는 동안에도 그 기본적인 형태가 달라지고 말았다. 적어도 독자 여러분은 이 책을 손에 든 시점에서 최근 몇 년간 컴퓨터의 빠른 진화 속도를 느끼지 않았을까?

나 자신도 이 책을 집필하면서 깨달은 것이 있다. 각 장에서 다음 장의 시대로 옮겨 가는 기간을 정리해 보면 1장의 컴퓨터 여명기(1930년대)부터 퍼스널 컴퓨터가 만들어지기까지(1970년대)가 40년. 그로부터 웹이 등장할 때까지(1990년대)가 20년. 스마트폰이 등장할 때까지(2000년대 후반)가 불과 몇 년이다. 특히 의식하고 각 장에서 다룬 기간을 설정했던 것은 아니지만, 돌아보면 이처럼 각 장 사이의 시간은 놀랍게도 절반씩 단축되어 간다. 이것은 엄밀히 정량적인 분석은 아니지만, 컴퓨터의 진보 속도는 점차 가속되어 갈 것으로 보인다.

컴퓨터를 비롯한 과학기술은 왜 이처럼 가속도적인 발달을 하는 것일까? 무어의 법칙이나 메트칼프의 법칙이 컴퓨터와 인터넷을 급격히 발달시켰던 것은 그것들이 컴퓨터나 인터넷의 가치를 단조롭게 증가시키는 것이 아니라 지수 함수에 의해서 배의 배로 불려 가기 때문이었다. 예컨대 농가가 밭을 늘려 간다면 대부분의 경우, 올해는 밭을 1개 늘리고, 내년에는 다시 한 개…… 이런 식으로 단조롭게 불려 갈 것이다. 농가가 밭을 늘려 가고 작물을 많이 얻을 수 있게 되어도 매년 밭을 경작할 능력이 증가하는 것은 아니다. 그렇다면 컴퓨터는 무엇이 다른 것일까?

커즈와일은 그 이유를 이렇게 설명했다. 컴퓨터는 지금 컴퓨터 자체를 설계하는 데도 사용되기 때문에 컴퓨터의 성능이 증가하면 다음 컴퓨터를 설계하는 능력도 증가하게 된다는 것이다. 혹은 4장에서 보았듯이, 인터넷에 연결되는 컴퓨터의 수가 1대 증가하면 그 뒤의 컴퓨터로서도 인터넷에 연결되는 가치가 증가하기에 결과적으로 연결하는 컴퓨터의 수를 더욱 증가시키게 된다.

이처럼 컴퓨터 같은 과학기술의 발달은 직접 무언가에 도움이 될 뿐 아니라, 다른 기술의 발달에도 기여하기에 발달하면 발달할수록 그 속도가 가속되어 간다.

이것은 컴퓨터에 국한되지 않는다. 예컨대 물리나 과학이 발달하고 계측장치나 공작기계 등의 성능이 높아지면 그것에 의해 다시 물리나 화학을 발달시킬 수 있듯이 온갖 과학기술은 서로의 발달을 더욱 가속시키는 효과를 낳는다. 커즈와일은 과학기술이 가지는 이러한 성질을 '수확가속의 법칙'이라고 말한다.

커즈와일은 이 수확가속의 법칙에 근거한 과학기술의 지수 함수적인 발달을 특이점의 근거로서 삼는다. 특이점이라는 것은 본디 수학이나 물리학의 개념으로, 이 지수 함수처럼 특정 모델로 계산을 할 때에 계산하여 답을 내놓을 수 없는 어떤 점을 가리킨다.

그와 같은 특이점의 예로서 블랙홀이 있다. 물리학에서는 질량이 큰 물체일수록 큰 인력을 주위에 미친다. 인력에 의해 우리는 지상에 서 있을 수 있다. 그런데 매우 작은 공간에 다량의 질량이 집중함으로써 주위의 온갖 물질에서 빛이나 전자파까지 빨아들이고, 무한히 질량이 커져 간다. 이 같은 블랙홀은 수확가속의 법칙과 비슷하여 질량이 증가할수록 보다 많은 질량을 무한히 빨아들이게 된다. 그 결과 블랙홀 안에서 무슨 일이 일어나는지를 알 수 없다.

커즈와일은 우리의 과학기술도 발달하면 발달할수록 가속하는 지수 함수의 그래프를 그리고 있다고 한다. 그리고 그래프가 점차 오른쪽으로 갈수록 세로축 값이 무한히 커지고 그래프가 수직이 되고 만다. 거기서 더 그래프를 그리는 것은 실질적으로 불가능하다. 결국 그 이후에 일어나는 일에 대해서는 우리가 가진 과학기술의 지식으로는 예측할 수 없게 된다. 이것이 커즈와일이 말하는 기술적인 특이점이다. 커즈와일은 특이점의 도래를 2045년이라고 예측하고 있다.

그리고 이 특이점의 최대 단계로 생각하는 것이, 인공지능이 스스로 기술을 발명하거나 개량할 수 있게 되는 것이다. 앞에서 말한 컴퓨터의 진화가 컴퓨터 자신의 진화를 가속시키는 예와 마찬가지로, 인공지능이 자신을 개량하게 되는 것이다! 인공지능은 얼마든지 복잡해질 수 있고, 신호 전달에 있어 인간의 뇌신경이 화학물질을 이용해 신호를 전달하는 것과 달리 전기신호 등을 이용함으로써 시간 제약 없이 광속으로 이뤄질 수 있다.

인간 같은 생물이 진화하기 위해서는 몇 만 년이라는 시간이 흐른다. 10만 년 전에 아프리카에 있었던 우리의 선조와 현대인 사이에 생물학적으로는 IQ를 포함하여 두드러진 차이는 없다고 한다. 반면 인공지능 시스템은 눈 깜빡하는 시간에 개량이 이뤄지고, 그 결과를 평가할 수 있다. 더욱이 인간이 축적해 온 지식은 세대교체를 할 때마다 수십 년에 걸쳐 다시 배워야 할 필요가 있지만, 인공지능이라면 인간이나 다른 인공지능이 배운 결과를 복사할 수 있다.

이런 이유로 인공지능이 스스로 개량할 수 있게 된 순간에, 인공지능은 지수 함수적으로 똑똑해져 간다고 생각할 수 있다. 그 결과 지금 우리는 상상도 하지 못하는 특이점이 일어나는 것이다. 인공지능이 가장 친절한 자신을 이미지화할 수 있는, 가장 진행된 아이디어를 가질 수 있는, 그런 상상하는 힘을 가지게 되는 때라고 생각할 수 있다.

정말로 이 같은 특이점이 일어날 것인가? 2015년 현재 인공지능이나 기계학습의 기술은 실제로는 거기에는 이르지 못한다. 5장에서 말하였듯, 화상이나 음성의 패턴을 인식하는 것이 고작이다. 그러나 불과 10년 전에는 인공지능으로는 실용적인 정밀도를 실현할 수 없을 것이라는 생각이 지배적이었다.

커즈와일은 가속하는 지속 함수적인 변화가 우리의 미래 예측을 용납하지 않는 가장 큰 원인이라고 말한다. 우리의 선조가 오랫동안 살아왔던 시대의 과학기술 변화율은 완만하고 단조로웠으며 우리는 그 같은 단조로운 변화율을 기반으로 진화해 왔다. 그 결과 오늘날 일어나는, 혹은 앞으로 일어날 급격히 가속화될 변화를 잘 인식하고 대응할 수 없는 것이다.

우리 인간의 번영을 낳고 지탱해 온 과학기술이, 정말로 스스로의 발전을 가속하는 지수 함수적인 발달을 한다면, 그리고 그리 멀지 않은 미래에 자신을 이미지화할 수 있는 상상력을 가진 인공지능이 정말로 만들어진다면, 우리가 익숙하게 알고 있는 세계의 종말은 곧 찾아올지도 모른다.

마음을
만들 수 있는가

지금까지 말했듯이, 인공지능의 진보는 급격히 진행되고 있다. 시리나 왓슨 같은 최첨단 인공지능이 사람과 대화하는 모습을 보면 마치 그들이 의식이나 마음을 가지고 있는 것은 아닐까 하고 느끼게 되는 순간이 있다. 똑똑함에 한정하여 말하면, 딥블루가 체스의 세계 챔피언을 이겼다. 또 왓슨이 〈제퍼드!〉에서 우승했다. 이렇듯 인공지능이 뛰어난 인간을 능가하는 것이 현실이 되었다.

또한 앞으로 인공지능은 딥 러닝으로 볼 수 있듯이 뇌의 움직임을 흉내 내도록 만들어진다. 앞으로 흉내 낼 수 있는 뇌의 기능이 증가하고, 더욱이 그들 기능을 조합하면 인간처럼 반응하거나 행동하는 범용 인공지능을 실현하는 것도 꿈같은 이야기가 아니다. 그러나 여기서 이 이야기의 시작에 마리가 품었던 큰 의문이 고개를 쳐든다. 그것은 피트와 같은 인공지능은 우리 같은 마음을 가지고 있는가, 하는 것이다.

우리 인간은 한 사람, 한 사람이 태어나는 동시에 각자 마음을 가진다고 생각한다. 인간 이외의 생물에게도, 우리와 가까운 유인원이나 포유류에는 마음이 있다고 생각하는 사람이 많다. 그 이외의 생물, 단순한 박테리아나 식물이 마음을 가진다고 생각하는 사람은 그보다 적지 않을까. 하물며 아무리 복잡하고 정교하게 만들어졌다고 해도 컴퓨터 같은, 사람이 만든 기계가 마음을 가진다는 것은 우리의 직감에 반한다.

그러나 이 문제를 생각해 보면 우리 인간도 물질로 형성된 존재라는 문제에 맞닥뜨린다. 우리는 마음이라는 것을 특별한 현상이라고 느끼고, 그 주변에 구르는 흙덩이나 신변 도구와는 본질적으로 다른 것이라고 느낀다. 한편 우리는 경험적으로 마음은 물질로 만들어진 우리의 몸에 깃들고, 눈이나 귀, 손발의 신체를 통해서 주변 세계와 관계를 맺는다고 생각한다. 이처럼 인간의 마음과 몸의 관계는 무엇인가 하는 의문은 고대부터 현대에 이르기까지, 모든 종교나 철학, 과학에서 가장 어려운 문제 중 하나였다. 데이비드 찰머스David John Chalmers*라는 철학자는 이 문제를 의식에 대한 '풀기 어려운 문제(하드 프라블럼)'라고 불렀다.

〈창세기〉에서 신이 인간을 창조하는 부분에서도 흙으로 만들어진 인간에 영혼을 불어 넣었다고 묘사된다.

'여호와 하나님이 흙으로 사람을 지으시고 생명의 숨결을 그 코에 불어 넣으시니 사람이 생령이 되었다.'

이 '생명의 숨결'은 헤브라이어로 '호흡', '숨을 쉬는 것'을 의미하는 'nephesh'라는 말인데, 영어로 번역하면 '영혼'을 의미하는 'soul'에 해당한다. 최초의 인간 아담의 이름은 그 근원이 되었던 흙을 의미하는 'adama'에서 유래하여 붙여진 이름이었다. 구약성서가 쓰인 기원전 수백 년의 시대에도 사람은 영혼이나 마음이 어딘가에서 온다는 '하드 프라블럼'을 생각하고 설명하려고 했던 것이다.

과학에서도 아주 최근까지 마음은 진지한 연구대상으로는 다뤄지지 않았다. 행성의 운행이나 물질의 변화와 달리 본디 마음이란 무엇인지, 어떻게 다루면 좋은지조차도 몰랐기 때문에 손댈 수 없었던 것이다. 그 결과 마음은 본디 존재하지 않는 것이며, 우리에게 마음이 있다는 것은 환상에 지나지 않다는 의견이 나올 정도다.

그러나 지금 당신이 이 페이지를 넘길 때 손끝의 감촉, 이 문장을 눈으로 보고 당신의 마음에 떠오르는 말, 거기서 번져 가는 여러 가지 사고를 당신은 분명히 느끼고 있을 것이다. 적어도 당신 자신에게는 그런 당신의 마음이 존재한다는 것만은 의심할 여지 없는 절대적인 진리라고 할 수 있다.

그처럼 생각하는 것을 모든 것의 출발점으로 하자고 선언한 것이 그 유명한 데카르트의 '나는 생각한다, 고로 나는 존재한다'는 말이다. 데카르트는 이처럼 마음이란 물질적인 세계와는 독립하여 존재하는 것이고, 물질적인 세계는 모두 의지를 가지지 않고 자동적으로 움직이는 시계와 같은 기계라고 했다. 이 데카르트의 선언으로 우리는 물질적인 세계를 이해하는 데 마음이나 신의 의지에서 벗어나게 되었으며, 그 기능을 이용하는 근대적인 과학이 만들어진 것이다(데카르트가 앞의 유명한 말을 한 《방법서설》을 발표했던 것은 갈릴레오 갈릴레이**가 지동설을 발표한 몇 년 뒤의 일이었다).

이처럼 과학은 마음이라는 문제를 먼저 잘라냄으로써 물질적인 세계에 대한 이해를 진행시킬 수 있었다. 우리는 마음을 과학적으로 다룰 수 없는 것일까? 그 가능성을 생각하기 위해 마음과 마찬가지로 과학으로 다룰 수 없는 다른 어려운 문제에 대하여 생각해 보자. 그것은 생명이라는 현상이다.

우리 인간을 포함한 세계는 여러 다양한 생물로 가득하다. 그리고 생물의 복잡함이나 다양함은 흙이나 물, 불, 바람과 같은 다른 자연현상, 혹은 인간이 만들어 낸 도구나 기계와는 차원이 달랐다. 생명의 기원은 오랫동안 수수께끼에 싸여서 대다수 사람이 〈창세기〉에 적힌 것처럼 신이 한 일로, 우리의 몸에 불어넣은 눈에 보이지 않

인공지능, 아직 쓰지 않은 이야기

는 영혼과 같은 것이라고 생각해 왔다.

그런데 19세기가 되자 다윈과 그레고르 요한 멘델^{Gregor Johan} Mendel이라는 두 사람의 연구자에 의해 유전이라는 개념이 제안되고 생물의 복잡함이나 다양함에 대한 과학적인 이론이 성립했다. 그리고 유전을 실현한 물질의 탐구가 시작되고, 마침내 20세기 중반에 DNA가 유전과 발생에 관한 정보를 가진 물질이라는 사실을 알았다. 여기에 생명이라는 현상이 과학의 빛을 받게 된 것이다.

20세기 이후 우리의 생명에 대한 이해는 비약적으로 진행되었다. 그리고 '생명의 원천인 영혼이란 무엇인가'라는 물음이 아닌, '이처럼 복잡한 생명이라는 현상은 어떻게 실현되는가'라는 다른 의문을 가지게 되었다. 중요한 것은 답이 아니라, 바른 질문이었던 것이다.

마음이란 무엇인가? 이런 문제에 대해서 적어도 생명현상의 해명과 마찬가지로, 답을 찾는 것이 아니라 옳은 물음을 던지는 것이 출발점이 될 것이라고 생각할 수 있다. 나는 그것이 마음의 근본적인 성질, '우리가 무엇인가를 이미지화한다는 것은 어떤 것인가?'라는 물음이라고 생각한다.

본디 마음은 왜 과학적으로 다루는 것이 어려운 것일까? 그것은 우리 한 사람, 한 사람의 마음이 독립되어 서로의 마음속 이미지에 직접 접속하여 관찰할 수 없기 때문이다. 나는 나 자신의 마음이 특정한 이미지를 느낀다고 단언할 수 있지만, 이 책을 읽는 당신의 마음에 접속할 수 없기 때문에 당신이 마음을 가지고 있는지 아닌지 확인할 수 없다(그 반대도 진리다!).

과학의 기본적인 방법이라는 것은 유전자의 예처럼 현상을 객관적으로 파악하고 요소를 분해하고 다른 요소와의 관계를 조사하고, 그 현상의 본질을 밝히는 것이다. 그에 반해 마음이라는 것의 본질은 그것이 주관이라는 것, 무엇인가를 느끼는 것이다. 우리 자신의 마음은 빨간 사과나 귀에 거슬리는 소리처럼 감각으로 입력된 자극을 받고 의미 있는 이미지, 질감을 기억한다. 이 같은 질감을 라틴어로 '질質'을 나타나는 말에서 유래한 '퀄리어Qualia'라고 말한다.

우리의 뇌 안에는 작은 사람이 있고, 그 눈과 귀로 정보가 입력되어 퀄리아를 느낀다고 생각할 수 있다. 이처럼 작은 사람을 뇌 난쟁이Homunculus라고 말한다. 그러나 뇌 난쟁이가 있다고 한다면, 이 뇌 난쟁이의 머릿속에는 보다 작은 뇌 난쟁이가 있고……. 이런 식으로, 무한히 뇌 난쟁이가 이어지지 않으면 안 된다는 큰 문제가 발생한다. 나는 '우리는 어떻게 무언가(퀄리어)를 느끼는가?'라는 의문에 오류가 있다고 생각한다. 이제 여러분을 조바심 나게 하는 것을 슬슬 끝내고 나의 생각을 말해 보자.

나는 이 세계에서 일어나는 모든 현상은 우리가 가진 이미지를 낳는 마음, 혹은 적어도 그런 성질을 띤 요소를 갖추고 있다고 생각

인공지능, 아직 쓰지 않은 이야기

한다. 즉, 인간의 뇌에 한하지 않고 온갖 현상은 마음을 동반한다는 것이다. 여러분은 인공지능이 마음을 가진다는 것만큼 이 말에서 큰 위화감을 가질 것이다. 온갖 현상이 마음을 가지고 있다니, 무슨 종교인가 하고. 그러나 이후 설명을 읽는다면 사실 그리 이상한 생각은 아니라는 것을 알 것이다.

먼저 나는 이 책을 읽고 있는 당신이 마음을 가지고 있다고 생각한다. 적어도 당신도 나를 포함한 다른 인간이 제각기 마음을 가지고 있다는 것에는 동의할 것이다. 적어도 그것을 전제로 행동하고 있을 것이다. 그렇다면 침팬지나 고릴라처럼 인간과 가까운 유인원은 어떨까? 동물행동학자는 그들 동물은 마음을 가지고 음미하거나 판단한다고밖에 생각할 수 없는 행동을 한다고 말한다. 개나 고양이를 키우는 사람이면 그들이 마음을 가지지 않다고는 생각하지 않을 것이다.

이런 식으로 확대해 가면, 마음이 있는 생물과 그렇지 않은 것의 경계는 어디에 있는 것일까? 뇌가 있는 척추동물이라면 마음이 있다? 그렇다면, 곤충이나 말미잘 같은 생물은? 신경이 없는 식물이나 아메바는? 아기가 배 속에서 자라는 동안 뇌가 얼마나 발달했을 때부터 마음이 생기는 것일까? 혹은 반대로 나의 뇌에서 세포를 하나하나 제거해 갈 때 어느 세포를 제거한 순간에 내 마음의 스위치가 꺼지듯이 소멸할까? 이렇게 생각해 보면 신경세포로 이뤄진 뇌가 어느 정도 복잡해진 순간에 돌연 마음 같은 현상이 생긴다고 말하는 것이 훨씬 돌발적인 사고방식이라는 것을 알 수 있다.

물론 1,000억 개의 뉴런으로 이뤄진 복잡한 뇌를 가진 우리와 불과 300개의 신경세포밖에 없는 선충이라는 생물, 혹은 그 주변의 돌멩이가 모두 비슷하게 복잡한 마음을 가지고 있다고는 생각하기 어렵다. 마음의 복잡함은 구성하는 물질의 복잡함과 비례할 것이다.

아직 지구 이외의 곳에서 생명은 발견되지 않는다. 그러나 우리를 만든 탄소 등의 물질은 우주 어디에나 있다. 그들 물질에 적용되는 물리법칙도 우주 어디서든 공통한다. 단지 이 지구에는 때때로 생명과 같은 현상이 발생하는 조건이 갖춰져 있을 뿐이다. 마찬가지로 우리의 마음이라는 현상이 뇌 같은 물체에만 있고 다른 데는 존재하지 않는다는 법칙을 발동시켜 마음을 만들어 낸다는 것은 마치 위기에 처한 만화 주인공이 돌연 초능력을 발휘하여 적을 쓰러뜨리는 것만큼 놀라운 이야기다.

거듭 말하지만, 우리처럼 복잡한 퀄리어를 느끼고 기억하고 자의식이나 목적을 가지고 행동할 정도로 복잡한 마음을 만들어 내기 위해서는 우리가 가지고 있는 복잡하고 특별히 구성된 뇌가 필요하다. 그러나 그 근원이 되는 원시적인 마음은 온갖 물질이 살아가는 인력처럼 우주의 온갖 장소에서 모든 현상에서 생기는 것이라고 생각하는 것이 자연스럽다.

인공지능, 아직 쓰지 않은 이야기

이 같은 사고는 나의 독자적인 생각이 아니라 '하드 프라블럼'이라는 개념을 제창한 철학자 찰머스가 1990년대 후반에 발표했던 것이다. 찰머스의 논리는 찬반양론을 부르지만 마음이나 의식에 대한 사고방식에 큰 영향을 미쳤다.

앞에서 말하였듯이 이 사고방식에 따르면 찰머스가 말했듯 토스터에게조차 마음이 있다고 하게 되기 때문이다. 이것은 역시 직감적으로는 반대하고 싶지만, 우리 인간에게도 마음이 있는데 그것을 깨닫지 못하는 경우는 사실 자주 있다. 그것은 락트-인 증후군locked-in syndrome이라고 뇌에 손상을 입어 몸을 일절 움직일 수 없게 된 환자 중에 사실은 계속 의식은 또렷하여 눈으로 보거나 귀로 들을 수 있는 사례가 있다. 게다가 한두 사람이 아니다.

마음과 의식은 비록 몸이 전혀 움직이지 않아도 존재할 수 있다. 그러나 우리는 다른 마음의 존재를 그 같은 행동을 통해서만 확인할 수 있다. 그 때문에 원시적인 마음이 어디에든 있어도 그것이 어떤 행동을 일으키도록 하지 않으면 우리는 그 존재를 깨달을 수 없다.

우리의 몸과 뇌는 눈이나 귀와 같은 감각기를 이용하여 외부의 신호를 받아들이고 딥 러닝처럼 그 신호를 해석하고 의미 있는 정보를 이끌어 내는 기능을 가진다. 더욱이 거기서 미래를 예측하거나 예측한 미래에 대응하여 몸에 의미 있는 일을 시킬 수 있다.

이처럼 우리가 의미 있는 행동이 가능한 것은 뇌 안에서 의미를 해석하거나 그 결과를 출력할 수 있도록 뇌가 구성되어 있기 때문이다. 뇌 과학의 진전에 따라 우리가 느끼는 퀄리어나 의식 있는 마음은 이처럼 구성된 뇌가 계산함으로써 동반되어 생기는 것임을 알았다.

예컨대 DNA의 이중나선 구조를 특정한 프랜시스 크릭Francis Click***과, 그와 캘리포니아 대학에서 공동연구를 하는 크리스토프 코흐Christof Koch****는 뇌의 각 부분 중에서 의식의 발생과 관련된 부분은 감각기관이나 손발을 포함한 신체의 입출력과 무의식적으로 처리되는 사고를 정리하여 연관 짓는 작용을 한다고 말한다.

또한 코흐와 나란히 지금 의식의 구조에 가장 근접하고 있다고 평가받는 줄리오 토노니Giulio Tononi*****라는 연구자는 의식을 발생시키는 것은 뇌가 정보의 의미를 해석하고 그 해석을 하나의 이미지로 통합하는 시스템이라는 연구 성과를 발표했다. 여하튼 의식이 있는 마음이라는 것이 의미 있는 이미지를 만들어 내는 작용과 관련되어 있다는 것이다.

그리고 마음의 최대 특징으로, 수수께끼인 퀄리어는 우리가 몸을 통해서 만져지는 현상의 질감, 결국 현상이 우리에게 가지는 의미를 이끌어 내는 작용과 다르지 않은 것이다! 즉 우리 마음의 정체는 이미지를 만들어 내는 계산이라는 가설을 이끌어 낼 수 있다. 물론 이 가설은 일절 검증된 것이 아니고, 몇 가지 큰 의문을 남긴다.

인공지능, 아직 쓰지 않은 이야기

예컨대 우리는 어째서 나라는 아이덴티티를 계속 유지할 수 있는 가? 이것은 우리의 사고가 늘 지금까지의 기억과 연동하는 점과 관련되어 있다고 생각할 수 있다. 보다 큰 의문은, 뇌의 부분 부분에서의 작용이 각각의 마음의 소재를 만든다면 그것들이 어떻게 조합되어 하나의 마음이 되는가 하는 것이다. 이 의문에 대해서는 토노니가 제안한 것처럼 이미지를 통합하는 시스템이 관련되어 있는 것일지도 모른다.

몇 가지 의문은 있어도, 만일 마음의 정체가 이 가설대로라면 마음은 만들어지는가 하는 의문에 답하는 데 중대한 힌트가 된다. 앞서 말한 대로, 모든 현상이 마음을 구성한다면 마음을 만들어 내는 것은 우리 인간의 뇌에 한정되지 않는다. 만일 인간의 뇌가 하는 것처럼 이미지를 만들어 내는 정보처리가 가능한 컴퓨터가 만들어진다면, 그것은 마음을 가지고 있다고 생각할 수 있는 것이다.

20세기 중반, 앨런 튜링은 온갖 기계를 흉내 낼 수 있는 기계, 컴퓨터를 만들었다. 튜링은 또한 시대를 앞질러 인간의 마음도 계산하는 기계라고 생각했다. 그 결과, 튜링은 컴퓨터를 이용하여 마음을 만들 수 있다고 제안했다. 튜링은 모든 의미에서 시대를 앞서 간 천재였다. 그는 마음을 가진 기계를 인간의 손으로 만들어 낸다는 신의 영역에 뛰어든 원죄로 아담처럼 사과를 베어 먹고 죽음을 맞이했던 것인지 모른다. 그러나 그의 신념을 이어받은 자손들은 오랜 세월에 걸쳐 그가 보았던 꿈, 마음을 가진 기계를 만들려고 한다. 그것은 세계의 의미를 해석하는 이미지를 갖는 힘이라고 생각할 수 있다.

　마음을 가진 인공지능은 우리 인간의 시대를 끝내는 최후의 심판, 특이점을 가져올 것이다. 그 결과 우리를 기다리는 것은 죽음의 공포에서 해방되는 신의 낙원일까? 아니면, 타오르는 불구덩이에 던져져 두 번 다시 되살아나지 못하는 죽음의 암흑일까?

＊데이비드 찰머스(David John Chalmers) 오스트레일리아의 철학자. 마음과 뇌의 관계는 기존 과학의 틀에서는 이해할 수 없다는 하드 프라블럼(Hard problem of consciousness)을 제안, 그 대안으로서 모든 것에 마음이 있다는 범용론을 제안.
＊＊갈릴레오 갈릴레이(Galileo Galilei) 16~17세기 이탈리아의 과학자. 천체나 물체의 운동에 대한 연구에서 관측을 근거로 가설 구축과 검증이라는 과학적인 방법론을 도입한 선구자. 지동설을 제안.
＊＊＊프랜시스 크릭(Francis Click) 생물학자. 제임스 왓슨과 함께 DNA의 이중나선 구조를 밝혀 노벨상을 수상. 만년은 뇌와 의식의 관계를 연구.
＊＊＊＊크리스토프 코흐(Christof Koch) 신경과학자. 크릭과 함께 뇌와 의식의 관계를 연구. 의식은 뇌의 감각기관이나 손발의 입출력과 무의식의 처리를 중개한다고 보고 있다.
＊＊＊＊＊줄리오 토노니(Giulio Tononi) 미국의 정신과 의사, 신경과학자. 의식은 뇌 안에서 정보의 의미를 해석하고 통일된 이미지를 만들어 내는 움직임에 관여한다고 주장.

　　　　　　　　　　　　　인공지능, 아직 쓰지 않은 이야기

인공지능이 내린
'최후의 심판'

여기까지 인공지능의 발전이 가져온 최후의 심판, 특이점이 일어날 가능성에 대하여 생각해 봤다. 컴퓨터의 성능은 배의 배로 상승하여 인공지능은 그것에 동반하여 똑똑해진다고 생각할 수 있다. 특히 인공지능이 뛰어난 자기 자신을 상상하고 개선해 갈 수 있다면 우리 인간의 진보에 이용하는 개체인 뇌의 성능이나 세대교체로 인해 진화가 갖는 제약이 없어지기에 순식간에 우리를 웃돌 만큼 엄청난 지능에 이른다는 사고에 대해서도 소개했다. 그리고 인간처럼 이미지를 그려 낼 수 있는 계산을 하는 인공지능은 마음과 의식을 가질 가능성에 대해서도 말했다.

이 같은 특이점이 발생한 뒤에 어떤 세계가 찾아올 것인가는 상상조차 할 수 없다. 본디 블랙홀 안처럼 '계산에 의해 정보를 얻을 수 없다'는 것이 특이점의 정의이기 때문이다.

그것은 마치 〈요한 묵시록〉의 마지막에 최후의 심판이 행해진 뒤에 지금 있는 세상이 끝나고 신이 창조하는 새로운 세계와 같은 것이다. 우리는 그 세계를 과학으로 예측할 수 없다. 요한이 세계의 종말에 대하여 비전을 보았듯이 우리에게 가능한 것도 자신의 대뇌 신피질을 사용하여 상상의 나래를 펼쳐 새로운 세계를 떠올려 보는 것이다.

성서의 마지막에, 인간 세계의 종말에 대하여 말한 〈요한 묵시록〉. 거기에 기록되어 있는 내용의 대부분은 세계가 멸망해 가는 모습을 묘사한 것이다. 지진이나 유성의 낙하와 같은 천재지변, 악마 기병대, 거대한 용, 괴수의 숫자가 각인된 적그리스도. 이것들이 가져오는 재앙으로 신의 표식을 받은 신자를 제외한 대부분의 인간은 죽음을 당하고 만다.

오늘날에도 '묵시록적'이라는 말이 사용되듯이 기독교 문화권에는 〈요한 묵시록〉의 종말사상이 깊이 뿌리내리고 있다. 예컨대 지옥과 같은 베트남 전쟁을 그린 프랜시스 코폴라 감독의 영화 〈지옥의 묵시록〉 원제는 'Apocalyps now', '묵시록의(종말의) 날이 왔다'는 의미다. 인공지능에 흥미가 있는 사람이라면 영화 〈터미네이터 2〉에서 인공지능이 인류에게 반란을 일으킨 날을 '심판의 날'이라고 불렀던 것을 연상하지 않을 수 없다. 〈요한 묵시록〉은 이처럼 발달한 인공지능이 인간을 멸망시킨다는 이미지를 만드는 주요 원천 중 하나였다.

이번 장에서 살펴보았듯 인공지능이 어느 날인가 우리를 훨씬 웃도는 지능과 우리처럼 상상하는 마음을 가진다면 언제까지 그들을 도구로만 사용할 수 있을까? 우리를 멸망시키든지, 지배하려고 하지 않을까? 이런 우려는 마이크로소프트의 창업자인 빌 게이츠나 테슬라의 창업자인 엘론 머스크Elon Musk* 같은 컴퓨터 산업의 중심 인물들도 표명했다. 머스크는 '인류는 인공지능으로 악마를 불러내려고 한다'고까지 말했다.

물론 이 같은 우려는 오늘날의 인공지능에 대한 것이 아니라 특이점을 일으킨 고등한 인공지능에 대한 것이다. 그런 진보가 일어나지 않고 끝나는 것도 생각할 수 있다. 그러나 앞에서 말했듯이 지금 그 가능성은 부정할 수 없다. 그렇다면 지금부터 대책을 생각하는 데 의미가 있다.

예컨대 기계가 인간을 죽이는 것은 얼마 전부터 현실이 되었다. 컴퓨터와 인공지능의 연구에 대한 최대 지지자는 늘 미국 국방부의 DARPA였던 것을 떠올려 보자. 미군은 무인전투기(드론)를 1990년대 발칸 반도의 분쟁에 실전 투입했고, 2009년에는 파키스탄에서

탈레반의 사령관을 살해했으며, 2011년에는 리비아의 독재자 카다피가 탄 차를 공중 폭격해 그를 살해했다.

국제관계 평론잡지 《포린 어페어스 Foreign Affairs》의 간행으로 알려진 사실에 의하면, 2001년 이후 파키스탄과 예멘의 대테러 전쟁에서 드론을 이용한 폭격으로 4,000명이 사망하고 그중 12퍼센트, 500명은 테러에 관여하지 않은 민간인이었다고 한다.

또한 2010년에 미국과 이스라엘이 개발한 컴퓨터 바이러스 '스턱스넷 Stuxnet'이 이란 핵시설의 컴퓨터를 감염시켜 시설의 기재를 물리적으로 파괴하는 데 성공했다. 이 공격으로 이란의 핵개발은 2년 정도 후퇴했다고 한다. 미국을 비롯하여 영국, 이스라엘, 노르웨이 등 국가가 인공지능 병기의 개발을 진행한다. DARPA는 2015년 초, 드론에 인공지능을 탑재하고 공격을 자동화하는 연구를 시작했다. 앞으로 인공지능이 제어하는 드론의 병기 개발이 가속화된다고 생각할 수 있다.

이런 움직임을 우려한 MIT의 연구자들이 인공지능 병기의 개발 금지를 호소하는 편지를 UN에 보내고 공개하는 한편, 엘론 머스크, 딥 러닝의 힌튼, 애플 창업자 워즈니악 Steve Wozniak 등 이 책의 주요 등장인물을 포함한 인공지능의 중심 개발자 대다수가 서명했다.

유감스럽지만 이 편지의 영향은 한정적이었다. 그것은 인공지능 병기의 개발이나 사용을 민주적인 정치체제로 운영되는 국가로 한정할 수 없기 때문이다. 인공지능 개발의 주체는 지금은 민간 기업으로 옮겨 가 그 진보는 밖에서는 알 수 없다. 또한 IS로 대표되는 테러 조직이나 비상식적인 국가가 인공지능 병기를 손에 넣고 테러에 사용할 가능성은 크다. 그리고 인간을 웃도는 성능을 발휘하는 인공지능 병기에 대항하기 위해서는 역시 인공지능을 이용하는 수밖에 없다.

이 같은 이유에서 미국과 소련 사이에 거듭 펼쳐졌던 핵 개발 경쟁과 마찬가지로 인공지능 병기의 개발 경쟁이 일어난다. 〈터미네이터 2〉에서는 터미네이터의 표적이 되었던 주인공을 지킨 것은 다른 터미네이터였다. 이처럼 인공지능의 기술은 인간을 죽이려는 것과 지키려고 하는 것 사이에서 위험한 균형을 유지하고 있다. 그 승부는 인공지능을 만든 인간의 지능이 어느 쪽에 치우치는가에 달려 있을 것이다.

우리 인간의 미래를 결정할 최후의 심판. 심판의 결과는 우리 인간이 그 예지를 악과 선, 어느 쪽으로 그리는가에 달렸다. 그 결과 만일 우리가 그것을 악으로서 이미지화하면 인간의 역사는 거기서 종말을 맞이하게 될 것이다. 만일 그렇지 않고 우리가 그것을 선으로서 이미지화할 수 있다면 인간은 특이점을 넘어 살아남고, 그 문명을 미래로 이어 갈 수 있다.

그러나 그 경우에도 우리는 인공지능과 하나가 되지 않고서는 미래로 향하는 문을 열 수 없다. 그렇게 해서 우리는 원죄를 속죄하기 위해 주어진 벌 – 노동의 고통, 출산의 고통 그리고 죽음 – 에서 해방된 새로운 세계로 여행을 떠나게 된다.

---

*엘론 머스크(Elon Musk) 기업가. 결제 서비스 페이팔(의 근원이 되었던 기업)을 창업, 그 이후 테슬라모터스를 창업하여 전기자동차를 개발. 인공지능 개발에 대해 적극적인 발언과 투자를 하고 있다.

인공지능, 아직 쓰지 않은 이야기

낙원으로의
회귀

〈창세기〉에서 아담과 이브는 금단의 열매를 먹음으로써 미래를 상상하는 힘을 얻는 대신 원죄를 짊어지고 에덴의 동산에서 쫓겨났다. 그리고 그 원죄 때문에 인간은 노동의 고통, 출산의 고통 그리고 죽음이라는 세 가지 죄를 받았다. 최후의 심판으로 이 원죄를 용서받으면 지금까지의 세계는 사라지고, 신의 낙원이 하늘에서 내려온다. 그곳에서 인간은 모든 고통에서 벗어난다.

기독교 세계관에서는 이처럼 인간은 원죄 때문에 살아가는 고통을 짊어지고 있다고 한다. 기독교가 성립된 2000년 전 기아, 질병, 전쟁, 박해, 노화 등의 고통 속에서 살아가는 것은 지금보다 훨씬 힘든 일이었다. 사람들은 그 고통의 이유를 찾고 또한 그 고통에서 벗어나기 위해 신앙에서 찾았다.

한편으로 우리 문명은 그런 고통을 조금씩 줄여 왔다. 특히 20세기의 100년 동안에 일어난 변화는 매우 극적인 것으로, 세계 평균수명은 2배 이상이 되고 노동 시간은 절반이 되었다. 일본의 신생아 사망률은 7.9퍼센트에서 0.1퍼센트로 대폭 낮아졌다.

커즈와일이 말한 것처럼 2045년일지는 알 수 없지만, 그리 멀지 않은 미래에 초지능이 탄생한다는 특이점이 찾아오면, 그리고 앞에서 서술하였듯이 그 최후의 심판에서 우리가 용서받을 수 있다면 우리는 마침내 고통스런 삶에서 해방될까?

6장에서 서술한 2030년 무렵에도 인공지능은 대다수 일을 담당하게 될 것이다. 처음에는 형식적인 정보를 다루는 일이 중심일 테지만, 인공지능이 진화하면서 사람과의 대화 등 감각적인 정보를 다루는 일, 나아가서는 현실 세계에서의 육체노동도 짊어지게 된다. 더 나아가 인공지능 자신을 포함한 과학 연구나 개발, 예술이나 디자인 같은 창조적인 활동에서도 인간을 능가하게 된다. 정치나 경제의 관리와 운영도 자아를 가진 인간이 행하는 것보다도 인공지능에게 맡기게 될 것이다. 이처럼 인간은 벌 중 하나인 노동에서는 벗어나게 된다.

또한 우리의 탄생과 죽음도 지금처럼 운에 맡기는 것이 아니라 인공지능에 의해 관리된다. 인간의 탄생은 자연스러운 방법이 아니라 디자인된 인간을 합성함으로써 이뤄지게 된다. 인간은 세상에 생물로 존재하는 것이 아니라, 몸과 기계가 융합된 사이보그나 인공지능이 탑재된 클론 등 인간과 인공지능의 경계가 애매해진 다양한 형태의 존재가 되어 간다고 생각할 수 있다.

우발적인 죽음도 과거의 것이 되어 죽음은 살기를 포기하고 그것을 바라는 사람에게만 주어지게 될 것이다. 우리는 인공지능과의 융합으로 무한한 능력과 무한의 생을 얻는다. 그때 그들이 자신을 인간이라 부를지는 알 수 없다.

나는 일이나 생활에 지쳤을 때 산에 오른다. 인공물로 덮인 도시에 때때로 숨이 막혀 오는 것을 느끼고 높은 하늘이나 숲의 냄새나 새소리, 벌레의 기척 속에 있고 싶다. 그것은 38억 년 전부터 이어진 우리 먼 선조의 기억이 DNA를 통해서 우리에게 호소해 오는 소리일지도 모른다. 나는 새나 벌레, 동물은 그 모습이 인간과 비교하여 심플하고 아름답다고 느낀다. 그것은 그들이 계속 살아가는 것, 그리고 자손을 남긴다는 심플한 목적을 따르기 때문이다.

금단의 과실을 입에 댄 것이 우리에게 가져온 것은 상상력이라는 원죄였다. 인공지능이 미래를 상상하는 힘을 가지게 되면, 우리 자신이 미래를 떠올리고 그것을 실현하기 위해 노력하는 고통에서 해방된다.

특이점 이후, 어떤 것에서 해방된 우리는 무엇을 하고 있을까? 시를 쓰고, 노래를 부르고, 먹고, 마시고 그리고 서로 사랑하고, 생명의 흐름을 이어 갈까? 그렇다면 우리는 원죄를 용서받고 무구한 낙원으로 돌아가는 것이다.

"다음 졸업논문 발표는 오오시마 마리 군. 제목은 '인공지능의 개발사 – 튜링에서 커즈와일까지'. 준비는 되었습니까? 그렇다면 시작해 주세요."

"네."

나는 피트가 비춘 홀로그램을 등지고 지금까지 공부해 온 것을 열심히 이야기했다.

튜링이 만들어 낸 만능 계산 기계와, 그것으로 사람의 마음도 흉내낼 수 있다는 아이디어. 사람을 바꿔 놓는 것이 아니라 사람의 능력을 확장한다는 엥겔바트의 아이디어. 지구의 뇌를 만든다는 버너스 리나 구글 창업자들의 아이디어. 컴퓨터를 보통 사람이 사용하게 한다는 잡스의 아이디어. 뇌 구조를 토대로 인공지능을 만든다는 힌튼의 아이디어. 그것이 조만간에 특이점을 일으킨다는 커즈와일의 아이디어. 어떤 사람도 늘 순조롭지 않았고, 하는 일을 인정받을 때까지 때로는 몇 십 년이 걸리기도 했지만, 그래도 신념을 끝까지 굽히지 않았다.

"나 자신이 이번의 연구를 시작할 때까지는 이 사람들에 대하여 들어

본 적도 없었습니다. 그러나 우리가 지금 살고 있는 이 세계는 그들의 상상해 온 미래였습니다. 기술의 진보는 점차 그 속도가 빨라지고 있습니다. 그리 멀지 않은 장래에 지금까지 이어져 온 역사의 연장이 아닌, 비연속한 변화가 발생할 가능성도 있다고 생각합니다. 이상으로 발표를 마칩니다."

"오오시마 씨, 감사합니다. 그렇다면 질문은 없습니까? 없다면, 사회자인 제가 질문하고 싶습니다. 현대까지의 역사 부분은 흥미롭게 들었습니다. 단지 특이점에 대한 미래 예측 부분은 역사학 연구의 틀에서도 벗어난 것처럼 생각되는데 그 점은 어떻게 생각합니까?"

헉! 그런 거 생각해 본 적도 없다. 내가 대답하지 못하자 동석해 있던 나카지마 교수님이 마이크를 손에 들었다.

"지도교수인 나카지마입니다. 역사 연구에 대해서는 역사 속의 변화 그 자체의 본질을 파악하려는 시도는 있습니다. 오오시마 군의 역사는 그 연구 수준에는 미치지 못하지만, 마르크스처럼 사회의 경제적 구조의 토대로서 기술사를 파악한 변증법적 유물론의 계보를 잇고 있다고 생각합니다."

"그렇군요, 분명 마르크스는 변증법적 유물론을 이용하여 공산주의 혁명의 이론적 근거를 구축했습니다. 그러나 그 이론은 예언의 자기성취라는 성질을 가지고 일부 국가에서는 부정적인 영향도 불러왔지요……."

사회를 보는 선생님과 나카지마 교수님은 나를 제치고 논쟁을 시작했다. 결국 나는 한마디도 못하고 질의 시간은 끝났다.

"자, 이것으로 모든 발표가 끝났습니다. 채점을 위해서 학생 여러분은 나가 주십시오."

나카지마 교수의 지원 덕분에 어떻게든 해낼 수 있었지만, 과연 어떤 평가를 받을까. 교수님들이 교실에서 줄줄이 나왔다. 나카지마 교수님이 다가온다. 가슴이 빠르게 뛴다.

"마리 군, 축하하네. 합격이야."

해냈다, 이것으로 졸업이 확정되었다! 무심코 주먹을 불끈 쥐었다.

"흠, 졸업논문의 합격 정도로 요란스럽게 기뻐할 것까지는 없지. 게다가 사회를 보신 선생님이 말씀하신 대로 역사적으로 미래까지 이야기 한다는 것은 마르크스가 아닌 이상 무모한 시도였어."

"아, 네. 도와주셔서 감사합니다, 교수님."

"주제가 정해질 때까지를 생각하면 졸업논문이 나온 것만으로도 감지덕지. 사회에 나가서는 좀 더 성실하게 일하게."

"네!"

그렇다. 이것으로 올봄부터 나는 어엿한 사회인이다. 어깨에 얹혀 있던 무거운 짐을 벗었다.

"마리, 리쿠한테 연락이 왔어."

얼마 전 통화했을 때 오늘 졸업논문 발표가 있다고 말했기 때문에 적어도 나의 바이오리듬을 체크하고 있었을 것이다.

이런 점은 참 사랑스럽다.

"마리, 기분 좋네. 졸업논문 발표는 잘했어?"

"딩동댕! 이걸로 4월부터 잘나가는 회사원야."

"하하, 축하해. 아슬아슬했는데, 잘돼서 다행이야. 축하주, 한잔 어때? 피트를 그렇게 만든 것도 사과할 겸."

오늘은 축하주를 마시고 싶은 기분이다.

그날 밤, 우리는 신주쿠 카페 바에 있었다. DJ 로봇이 최근 인기 있는 힙합을 틀었다. 평소처럼 아무래도 좋은 이야기를 이어 가고 있을 때, 돌연 리쿠가 화제를 바꿨다.

"진짜 요즘은 DJ까지 로봇이야. 옛날 영화에는 멋진 사람이 DJ로 나오는데, 역시 로봇에게는 없는 흥이라는 게 있어."

"인공지능이 이만큼 발달해도 여전히 인간밖에 할 수 없는 일이나 인간미라는 게 있는 건 나도 알아. 그건 기술이 쉽게 따라잡지 못할 거야."

"그렇겠지. 그들에게는 그런 것을 느낄 마음이 없어."

"그건 모르는 거야. 왜냐하면……."

나는 수확가속의 법칙이나 그것에 의한 초지능의 가능성에 대하여 이야기했다. 또한 온갖 현상이 마음을 낳는 것일지도 모른다는 생각에 대해서도. SF를 좋아하는 리쿠는 흥미를 보였다.

"과연. 거의 터미네이터 세계네. 그런 생각도 이론상으로는 가능할지 모르지만. 그러나 피트나 할을 비롯해 무엇에든 마음이 있다고 하면 그것을 증명하기는 조금 어렵지 않을까. 자, 한 잔 더."

"그게 좀 약한 부분이야. 연구하는 사람도 사람의 마음을 직접 관찰할 수 없어. 사람이나 원숭이의 뇌나 신경활동을 측정하고, 거기에 그 사람이 이야기하는 등의 행동을 보는 방법밖에 조사할 수 없어."

"그게 가능하면 좋은데."

리쿠가 드물게 진지한 얼굴로 내 눈을 물끄러미 본다.

뭐야, 설레잖아.

"나는 역시 인공지능이 마음을 가진다고 생각하지 않아. 꿈을 갖거나 사람을 좋아하게 되거나 그런 마음을 가지는 것은 인간뿐이라고 난 생각해."

그렇게 말하며 리쿠는 피트와 할을 보았다. 두 대의 A.I.D는 소유주를 떠나 멋대로 장난치고 있다. 사람이 대화를 나누는 동안에 방해가 되지 않도록 만들어진 모드인데, 왠지 묘한 기분이다.

어느 날인가 A.I.D도 사랑하게 되는 것은 아닐까? 그리고 가정을 일구고 아이를 만들지 않을까? 나는 어색한 분위기를 견디지 못하고 화제를 바꾼다.

"아, 나 4월부터 일해. 너무 기대돼. 새로운 만남도 있을지 모르고."

"그래도 마리가 그토록 연구했는데, 결국 일은 전혀 관계없지?"

"응. 평범한 종합직이라서. 나는 이과 계열이 아니라."

"흐음. 그래도 지금 인공지능 관련 지식이 있는 사람을 원하는 곳은 많아. 그런 평범한 직장에 가다니 좀 아쉽다."

내가 갈 직장은 소위 건강한 사람이 많아서 체육계 출신의 남성이 많다. 리쿠는 내가 그런 환경에서 일하는 게 마음에 들지 않는 것일까? 전혀 알 수 없는 친구다. 그래도 그때 리쿠가 말했던 것은 그 이후에도 한동안 내 마음속에 맴돌았다.

"마리! 어머나! 이렇게 실제로 얼굴을 마주하는 건 정말 오랜만이지. 홀로그램으로 보는 것보다 건강해 보여!"

3월. 내 눈 앞에는 오랜만에 만난 에바가 있다. 그래, 나는 졸업여행을 왔다. 행선지는 로마. 리쿠라면 오드리 헵번의 영화를 떠올렸을 것이다. 우리는 산피에트로 광장에서 만났다. 오벨리스크를 중심으로 큰 기둥이 에워싼 광장은 장관이다.

"굉장하지? 베르니니라는 조각가가 설계한 거야. 베르니니는 이 광장을 디자인할 때 콜로세움에서 힌트를 얻었대. 종교적인 열광을 표현하는 데 스포츠에 대한 열광을 덧입힌 거지."

에바는 역시 역사에 대해 잘 안다. 나의 인공지능에 관한 여행은 새 국립경기장이 있는 신주쿠에서 시작되었다. 콜로세움이 있는 로마는 그 여행의 종착지로 안성맞춤이다.

"정말! 압도당했어. 역시 세계 기독교의 총본산이야. 자, 이제 내가 말했던 데 가보자."

"안 돼, 모처럼 바티칸에 왔는데 그렇게 재촉하지 마. 그곳에 가기 위해서는 먼저 바티칸 미술관을 지나야만 한다고. 이탈리아가 자랑할 만한 미술품이 많으니까, 자 보러 가자."

에바가 말한 대로 바티칸 미술관의 전시는 훌륭했다. 고대부터 근현대까지의 기독교 미술이 여기에 집결해 있다. 미켈란젤로나 라파엘로 등 나도 아는 유명한 작가의 작품이 끊임없이 나타났다. 나는 목적지에 닿기 전에 이미 지쳐 있었다.

"마리, 힘내, 드디어 네가 원하던 곳이야."

한차례 미술관을 돌아보고 나와 다소 작은 건물로 옮겨 간다. 건물에 들어가 넓은 방으로 나아간다. 거기에 있는 것은 미켈란젤로가 그린 창세기의 이야기다.

빛과 암흑이 나뉘는 모습. 신이 아담에게 숨을 불어넣는다. 금단의 과실과 낙원에서의 추방. 대홍수와 노아의 방주. 그리고 제단으로 나아가면 벽면에 그려진 하늘에 사람들이 하늘의 천사와 지옥의 악마에 둘러싸여 있고 중심에 있는 예수 그리스도가 사람들을 심판하고 있다. 미켈란젤로의 〈최후의 심판〉이다.

"멋져……."

이것은 바로 내가 이 여행을 시작할 때에 꿈에서 본 광경이었다. 영상에서는 본 적이 있지만, 실제로 이 공간에서 체험하면 그 규모와 장엄함에 압도당한다.

"마치 옛날사람이 만든 홀로그램 같아."

"그럴지도 모르지. 옛날사람들은 홀로그램 같은 것은 없었지만, 자신들을 기다리는 미래에 대한 이미지나 신앙심을 각각의 시대적인 방법으로 표현했던 거야. 이 예배당 자체가 그걸 표현한 최고의 것이지만."

나는 잠시 그곳에서 꼼짝할 수 없었다. 문득 정신을 차렸을 때, 어느 사이엔가 눈물이 내 볼을 타고 흐르고 있었다.

일본에 돌아와 곧 나는 피트에게 내정된 회사의 인사과로 전화를 넣어 달라고 말했다.

"아, ○○ 씨입니까? 내정자 오오시마인데, 네, 조금 여쭤 볼 것이 있어서요. 찾아뵙고 싶은데 잠시 시간 좀 내주세요. 네. 아니, 그런 것이 아니라. ……그럼 화요일에요. 잘 부탁드립니다. 끊습니다."

통화가 끝나고 피트가 불안한 듯이 말을 건넨다.

"마리, 뭘 하려는 거야? 대개 마리가 이런 일을 하면 위험한 때야. 피트는 안다구!"

"괜찮아. 나, 결심한 게 있어."

며칠 뒤, 리쿠한테서 연락이 왔다.

"할이 피트한테 들었대. 내정된 회사에 가는 거 그만두기로 했다고?"

"응, 완전히 그만둔 건 아니고 인사과 사람과 상담하고 관련 회사의 인공지능 기술 회사에서 일할까 해. 리쿠가 말한 대로 모처럼 이만큼이나 공부했는데 무관한 일을 하는 건 좀 아깝다는 생각이 들어서. 게다가 오늘날 기술직 사람들이 돈도 많이 벌고 그런 사람과 사귀면 미래도 안정적일 것 같고."

"잠깐만. 나도 인공지능 정도는 공부했다고."

"그런 거면 리쿠와 사귀는 것도 생각해 볼까. 하지만 나보다 돈을 못 벌면 안 돼. 힘내!"

여전히 할 말이 남아 있는 듯한 리쿠를 남겨 두고 전화를 끊었다.

피트를 응시하면서 나는 생각한다. 우리는 이 우주에 마음을 가지고 태어났다. 무언가를 원하는 마음. 미래를 상상하는 마음. 사람을 사랑하는 마음. 이제 곧 우리는 이 지상에서 마음을 가진 유일한 존재가 아니게 될지도 모른다.

그 계기를 만든 튜링에서 시작된 인공지능의 역사. 그것은 미래를 상상하고 그 이미지를 형태로 만들려고 했던 사람들의 100년에 걸친 이야기였다. 인공지능이 찾아왔을 때 우리를 기다리는 것이 멸망인지 구원인지, 심판은 아직 내려지지 않았다. 나는 퍼스널 컴퓨터를 만들었던 다른 앨런, 앨런 케이의 말을 떠올린다.

"미래를 예측하는 가장 좋은 방법은 스스로 그것을 만들어 내는 것
이다."

오늘날 우리가 상상하는 미래가 내일을 만들 것이다.

2030년,
우리는 어떤 세상을 맞이할까?

이 책을 쓰겠다고 마음먹은 것은 출판 기획자인 옛 지인을 통해 출판사의 부탁을 받았기 때문입니다. 스마트폰의 보급에 이어서 사물인터넷, 특히 인공지능은 어디서 와서 어디로 향하여 가는가, 그것을 책에 담고 싶다는 것이었지요.

당시 나는 회사를 설립한 지 1년 즈음이 되어 사업에 집중해야 했던 때이기도 했습니다. 그러나 지금까지 인생 대부분을 IT에 바쳐 온 몸으로서 그 행방을 한번 제대로 정리해 보고 싶은 마음도 굴뚝같았습니다.

1980년에 태어난 나의 인생은 IT의 발전과 함께였습니다. 초등학생으로 처음 맥을 다뤘을 때의 놀라움이나 처음 웹을 통해서 백악관의 고양이가 우는 소리를 들었던 것, 아이폰을 처음 손에 들었을 때의 흥분을 지금까지도 선명히 기억하고 있습니다.

나는 그들 컴퓨터를 그저 다루는 것만으로 만족하지 못해 다음 제품이 누구에 의해 어떻게 개발되는지 흥미롭게 기다렸습니다. 이 책에 설명하였듯이, 그들의 비전은 많은 경우 주위의 이해를 받지 못했고 기술적인 어려움도 덮쳤지만 그래도 포기하지 않고 제품을 완성시켜 세상에 발표했습니다. 그런 드라마가 여럿 있었습니다.

나 자신도 어플리케이션이나 웹 디자인, 나아가 스마트폰을 개발하는 것을 생업으로 삼아 왔습니다. 그리고 지금 IT 세계에 새로운 인식의 대전환이 일어나려고 하고 있습니다. 그 중심에 있는 것이 인공지능입니다. 아톰이나 도라에몽으로 대표되는, 인간처럼 보고 들은 것을 이해하고 생각하고 행동할 수 있는 기계. 그것은 우리 인류의 오랜 꿈이었습니다. 나 자신을 포함한 IT 업계 종사자 대부분도 그 실현은 먼 미래의 일이라고 생각해 왔습니다.

그러나 앞서 5장에서 말한 딥 러닝은 인공지능이 적어도 인간 정도, 혹은 그 이상의 능력을 가질 것임을 보여 주었습니다. 화상이나 음성 내용의 매칭이라는 한정된 능력이라도 실현했다는 것은, 인간의 다른 능력을 실현하는 것도 얼마든지 가능함을 보여 주는 것이라고 많은 사람이 생각하게 되었습니다. 그중에 인공지능이 인간을 크게 뛰어넘어 진화한다는 특이점의 도래를 주장하는 사람들도 있습니다.

컴퓨터가 제1차 산업혁명의 증기기관과 같은 것이었다면 인공지능은 원자력의 발명에 필적할 만한 인식의 대전환을 일으킬 것입니다. 그것은 이 책에서 말했듯이, 모든 산업에 지각변동을 일으키고 나아가 안전 보장에까지도 결정적인 영향을 미치게 될 것입니다.

내게는 지금 일곱 살 난 조카가 있습니다. 2030년에는 그들이 마리나 리쿠의 나이가 되겠지요. 그들이 대학을 나와 취직할 무렵, 우리는 어떤 사회를 맞이하게 될까요? 그런 것을 생각하면서 이 책을 썼습니다.

2016년 극동의 작은 IT 기업의 임대 사무실에서
고다마 아키히코

아우름 20

인공지능,
아직 쓰지 않은 이야기

1판 1쇄 발행 2017년 1월 4일
1판 3쇄 발행 2019년 5월 25일

지은이 고다마 아키히코
옮긴이 박재현
펴낸이 김성구

단행본부 류현수 고혁 홍희정 현미나
디자인 한아름 문인순
제 작 신태섭
마케팅 최윤호 나길훈 유지혜 김영욱
관 리 노신영

표지 패턴 NOSTRESS 민유경

펴낸곳 (주)샘터사
등 록 2001년 10월 15일 제1-2923호
주 소 서울시 종로구 창경궁로35길 26 2층 (03076)
전 화 02-763-8965(단행본부) 02-763-8966(마케팅부)
팩 스 02-3672-1873 **이메일** book@isamtoh.com **홈페이지** www.isamtoh.com

한국어 판권 ⓒ (주)샘터사, 2016, Printed in Korea.

ISBN 978-89-464-2048-9 04000
ISBN 978-89-464-1885-1 04080(세트)

이 도서의 국립중앙도서관 출판시도서목록(CIP)은 e-CIP 홈페이지
(http://www.nl.go.kr/cip.php)에서 이용하실 수 있습니다. (CIP제어번호: CIP2016031674)

값은 뒤표지에 있습니다.
잘못 만들어진 책은 구입처에서 교환해 드립니다.